李晓萍　钟旭洲　◆主编

南宋钱汇·金银铤编

文物出版社

图书在版编目（CIP）数据

南宋钱汇. 金银铤编 / 李晓萍，钟旭洲主编. -- 北京：文物出版社, 2022.12

ISBN 978-7-5010-7826-4

Ⅰ. ①南… Ⅱ. ①李… ②钟… Ⅲ. ①金币（考古）- 中国-南宋-图录②银币（考古）-中国-南宋-图录 Ⅳ. ①K875.62

中国版本图书馆CIP数据核字(2022)第186055号

南宋钱汇·金银铤编

主　　编：李晓萍　钟旭洲

责任编辑：许海意
装帧设计：程星涛
责任印制：张道奇

出版发行：文物出版社
社　　址：北京市东城区东直门内北小街2号楼
邮　　编：100007
网　　址：http://www.wenwu.com
经　　销：新华书店
印　　刷：北京荣宝艺品印刷有限公司
开　　本：889mm×1194mm　1/16
印　　张：21.25
版　　次：2022年12月第1版
印　　次：2022年12月第1次印刷
书　　号：ISBN 978-7-5010-7826-4
定　　价：480.00元

《南宋钱汇》总序

戴志强

在钱币学上，宋钱是集藏和研究的一个重要领域。宋钱（包括南宋钱币）数量多、种类多、版式多，讲究钱文的书法艺术，铸造工艺的技术精良。南宋至今已有八九百年的历史，富有厚实的文化积淀。新坑出土者布满鲜艳的红绿锈色，老坑出土者虽锈色渐退，却添有传世古色，不同的锈色，含有不同的文化情趣，受到古泉爱好者的青睐。

在前辈学者中，集藏和研究宋钱者甚众，成果丰硕。但对于宋钱的版别研究，多注重于北宋铜钱，相对而言，专门致力于南宋钱币的研究者却是不多。我和钟旭洲相识于1992年，他来中国钱币学会秘书处访我，并带来几十枚南宋铜钱，这批南宋钱个个品相绝佳，引起了我的兴趣。当时，陕西、河南等地钱币学会正在组织开展对北宋钱币的系统研究，旭洲生活、工作在杭州，正是南宋京城所在地，对于集藏和研究南宋钱币有地利之便。于是，我希望他能在南宋钱这个专题上多下功夫，争取编一本南宋钱谱。他高兴地接受了这个建议，并付诸了实践。此后，他每每进京来访，都会带来有关南宋钱的新消息、新发现和新收获。

钟旭洲为南宋钱币的收集和研究花费了大量心血，他参与了《中国钱币大辞典》的编纂工作，并担任《南宋卷》主编。在他和大辞典编辑部同仁们的共同努力下，《南宋卷》于 2005 年由中华书局正式出版。

他在古稀之年仍孜孜以求，全身心地投入。有一件事让我印象深刻。2015 年 11 月，我去南宁参加一个讲座，有位广西钱币学会的会员请我鉴定钱币，其中，居然有一枚出水的绍兴通宝直读折十大钱。回京的第二天，旭洲正好来访，便谈及此事。当时他大病初愈，身体还比较虚弱，没想到他不顾车马劳累，居然离京便去了南宁，并把这枚绍兴通宝收入囊中。我闻之，确实为他的雷厉风行所感动。看来要成功一件事情，必须有这样的热情、这样的执著精神。

《南宋钱汇》分为四编，《铜钱编》《金银铤编》《铁钱编》和《民俗钱编》。《铜钱编》和《铁钱编》由钟旭洲主编，《金银铤编》由李晓萍主编，《民俗钱编》由陆昕主编。邀请汪圣铎先生书写《南宋钱币概论》。汪先生是宋史大家，由他来写概论，可以站在宋史研究的高度，总揽南宋钱币，解析各类南宋钱币的内在关联，也是我们提倡货币史研究和钱币学研究相结合的又一次实践。

我和李晓萍相识于 1985 年 3 月的"钱币整理工作骨干人员培训班"。这个学习班由中国钱币学会积极推动，文化部文物局出面组织，在河南郑州文物培训中心（河南省文物研究所）举办，历时 3 个月，先用两个月时间讲授中国钱币基础知识和有关专题，再用一个月做钱币整理实习，最后每个学员都要写出整理报告。担任讲授的老师是从全国各地请来的钱币学家、货币史学家和考古学家，有朱活、郝本性、汪庆正、吴镇烽、蒋若是、陈尊祥、耿宗仁、戴志强、牛达生、郭若愚、王贵忱、王松麟、郭彦岗等，实习指导老师是唐石父、高桂云、孟宪民。学员是由全国各地博物馆和钱币学会推荐的从业人员。我在这个班上主讲两宋钱币和钱币专用名词，用时 10 天。这是至今历时最长、讲解最翔实、结合实物鉴定效果最好的一次钱币专业培训班，培养了一批钱币研究的骨干，成为后来的中坚力量。晓萍是浙江博物馆派送的学员，一直从事钱币研究工作，尤其是专攻金银铤研究，成果丰硕，先后在文物出版社、浙江大学出版社等出版过多部有关金银铤研究的专著，是该领域的学术带头人。现在还兼任中国钱币学会金银货币专业委员会秘书长。

陆昕是我的入门弟子，专攻民俗钱币的集藏和研究，是中国民俗钱币学会会长，在他和中国民俗钱币学会同仁的带动下，不仅掀起了民俗钱币的集藏高潮，还倡导并开展了学术研究，深化了对民俗钱币的认识，探索了民俗钱币的沿革历史，为创新和完善当代中国钱币学的学科架构做出了贡献。

由他们几位担纲，这部《南宋钱汇》可以客观地反映当前我们在这个领域的集藏规模和研究深度。两宋铸钱数量浩大，钱监林立，且常有兴废变化。尽管中央皇朝有统一的样钱颁布，并有比较严格的铸钱工艺流程，但不同时期、不同钱监，在雕刻母钱和翻铸子钱时，不可避免地会出现某些差异，造成不同的版式。所以，对南宋钱版式的分类研究，不仅需要理清它们的历史演变轨迹，而且需要分清不同地区、不同钱监之间的差别，才能科学地反映南宋钱币版别区分的学术价值和意义。但是宋钱距今时代久远，我们没有现成的文献资料和完整的考古依据，所以对版式的分类研究，主要还是依靠钱币学的方法，对它们的制作气息和钱文书法等做排比对照，逐步理清，逐步归类，逐步形成不同版别的定位，这是一项繁杂而艰难的工程，需要几代人持续的推进，方可完成。今天《南宋钱汇》的编纂成功，是南宋钱币研究的阶段性成果、基础性成果。它必将为后学者的继续研究，提供便利，创造条件。

2020 年春
字于北京续斋

南宋钱币概论

汪圣铎

公元 1127 年，宋徽宗的第九子赵构在南京应天府（今河南商丘）即皇帝位，重建宋朝，史称南宋。南宋立国于忧患之中，统治者重视发展生产和贸易，经济较快地得到恢复和发展。南宋同北宋相比，虽然丧失了大片领土，但是当时经济较发达的东南地区及四川地区仍在版图之内，这给经济进一步发展提供了基本条件。特别是在宋金绍兴议和以后，至蒙宋联合灭金以前的近百年时间里，战争较少，战争对生产的破坏较少，相对安定的环境给经济持续发展提供了基本的条件。北宋末年，战乱中北方大量人口的南迁，促进了土地资源的开发。圩田、坝田、梯田等的建设，双季稻、耐旱稻的种植和推广，提高了农作物的单产量。南宋定都于江南，重视水利设施的建设。当时有识之士已有较明确的统筹利用水利资源的意识，官方颁行了一系列禁止以兴修水利为名而破坏环境、以邻为壑的施工行为的法规，产生了积极效果。甘蔗、棉花、蔬果等经济作物的广泛种植，或多或少改善了农民的生活状况，也推动了家庭副业的发展。大都市中工商业、服务业门类显著增加，交易额增大。南宋时期又出现了前所未有的小城镇、草市的发展，这使商品生产有了新的发展空间。南宋官方重视发展海外贸易，市舶贸易的发展，刺激了纺织业、陶瓷业、造纸业等的发展。商品经济的发展，是货币经济发展的基础。南宋钱币品类众多，争奇斗艳，归根结底，是当时商品货币经济发展的体现。

南宋钱币同前后时代相比，有许多独特的特点。南宋是典型的中央政权统一安排下多种货币混合流通的货币体制。在当时流通领域中，有铜钱、有铁钱、有金银、有纸币，还有局部地区的贝币等。此外，还存在许多种具有某些货币职能的物品，如便钱券、钞引等有价证券及绢帛等，这种多种货币并存的均衡性、复杂性，是其前代、后代都不具备的。

南宋时期，铜钱仍是主币，是作为最重要价值尺度的基准货币，是具有无限法偿能力的货币。发行数量最大、行用地区最广的纸币会子是以铜钱为面额的，衡量会子贬值程度的会价，也是以铜钱计的。南宋流通领域里行用的铜钱，有相当一部分是北宋时期铸造的，同时也有相当一部分是南宋新铸造的。同北宋相比，铸造铜钱的钱监减少（有关铸钱监的情况详见列表），铸造铜钱的数量减少到只有北宋的七分之一以下。由于冶铜成本提高，南宋较多地依靠胆铜铸钱。所谓胆铜，即近代所谓湿式（不经冶炼）产铜，系用胆水置换法生产的原铜。宋代胆铜生产在世界冶金史上占有重要地位。南宋时期铜、铁钱在形制上大多沿行北宋已有制度，但也有变化，也有一些不同于北宋时期的特点。例如，南宋自淳熙七年（1180年）以后，钱背纪年，这是具有重要意义的创新。宁宗庆元以后，钱币面文打破了北宋时期"对钱"的惯例，只用一色真书（后世称为宋体字）。南宋时期钱币有背文者增多，有标钱监的，有标价值的，有标年分的。这些都是有别于北宋的，也是一种积极创新。

南宋中期，在与金朝交界的地区，构建了一个东西贯通的铁钱带，它由四川、京湖、淮南三大铁钱区合成。这种格局是很独特的。与此相应，除原有的供应四川地区的铁钱监外，又新增了供应淮南、京湖地区行用的铁钱监，如蕲春监、汉阳监等，这使得南宋的铁钱年铸行量，一度超过北宋。铁钱的行用，受到区域的限制，官方规定，非铁钱区不得行用铁钱，也不许将铁钱上供朝廷，这使铁钱的法偿能力受到很大限制。

钱牌是南宋时期出现的一种特殊货币，它们实际是某种货币的替代者，是因某种特定货币不能满足市场需求而产生的。然而南宋钱牌却在中国古代货币史上占有独特的地位。

南宋货币发行的最终决策权统一于朝廷。各种货币发行的具体操作，则分别由一些专门机构实施。提点坑冶铸钱司（提点东南九路坑冶铸钱司、都大提点坑冶铸钱司）仍然是具体负责铸造铜钱的主要机构。北宋后期，设提点坑冶铸钱二员，分驻饶州、虔州。南宋绍兴五年（1135年），战乱中军费不足，精简机构以减少开支，将饶州司合并于虔州司。绍兴二十六年（1156年），宋廷下令裁撤提点坑冶铸钱司。原因是铸钱司驻地远离都城，且跨路机构，与路、州、县时时发生矛盾。于是，将坑冶铸钱事务转交有关路、州、县承担。在都城设提领坑冶铸钱一职，由户部侍郎兼任。新制一行，问题复出：提领端坐都城，远离坑冶及钱监，而路、州、县众务纷繁，对开矿、铸钱事并不重视。于是又恢复旧制，于饶州、虔州（后改名赣州）分设提点坑冶铸钱官。宋孝宗乾道六年（1170年）复设发运使，将坑冶铸钱事归于发运使，裁撤坑冶铸钱司，发运司不但管铸铜钱，同时也兼管铁钱铸造。发运使存在时间不长，复被裁撤，重设二坑冶铸钱司。淳熙二年（1175年），裁撤赣州司，并于饶州司，改设一员提点官，官衔加"都大"二字。提点坑冶铸钱所管涉及数路、数州，属下官员也有相当数量，但级别并不高，大抵与各路提点刑狱相当。这是因为提点坑冶铸钱司只是执行机构，重大决策则由尚书省户、工二部及相关寺监作出。南宋孝宗淳熙五年，创立了一个专门管理江淮铁钱铸造的机构，名为"提点江淮湖北铁冶铸钱司"，其长官由淮西路提点刑狱兼任，其管辖范围是："江、淮、湖北三路，鄂州江夏、咸宁、通城县，兴国军大冶、永丰县，寿昌军武昌县，安庆府怀宁、太湖、宿松县，蕲州黄梅、广济、蕲春县，并系应办铁课，汉阳、蕲春两监，则掌管鼓铸。"（《永乐大典》卷一四六二七录《宋吏部条法》）此机构存在至南宋后期。

铸钱监是铜、铁钱的生产单位，通常有数百人，下分沙模、冶铸、磨钱、排整等工序。南宋时期为节省成本，较多地使用罪犯作劳工。铜、铁钱不同版别的形成，可能与钱监有较大关系。以下将南宋铸钱监列为一表：

南宋历代皇帝铸钱表

铜钱监院

钱监名称	地点	存在时间	备注
永平监	饶州州城东四里	始置于唐肃宗乾元年间，五代十国时期存在，宋灭南唐后不久复置，南宋后期仍存在。	此监是宋代存在时间最久的铜钱监，也是南宋最重要的铜钱监。
永丰监	池州州城东北二里，一说建德县西南二百里	至道元年（955年）置，绍兴二年（1132年）并于饶州永平监。	

钱监名称	地点	存在时间	备注
广宁监	江州州城南一百二十步	咸平二年（999年）置，绍兴二年（1132年）并于虔州铸造钱院。	
丰国监	建州（建宁府）州城东北	始见于五代十国，宋咸平二年（999城年）复置，乾道年间停产，庆元元年（1195年）裁撤。	
永通监	韶州曲江县水西一里	北宋庆历八年（1408年）置，南宋淳熙十二年（1185年）停罢。	
神泉监	睦（严）州望云门外，或州东五里	熙宁七年（1074年）置，南宋绍熙元年（1190年）罢，庆元三年一度恢复，随罢。	
虔州铸钱院监	虔州（赣州）	北宋大观四年（1110年）置。南宋孝宗时期尚在生产。宁宗庆元元年（1195年）十二月撤罢，前此已停产多时。	

铁钱监

钱监名称	地点	存在时间	备注
丰远监	嘉州城北五十步	北宋景德二年（1105年）置，南宋初停产。绍兴末年复，数月罢。嘉定年间有嘉定监，不明是否即此监。	嘉州后改嘉定府。今存端平铁母中有背带"定"字者。
惠民监	邛州城南六十里	北宋咸平四年（1001年）置。南宋建炎三年（1128年）停铸。绍兴二十三年（1153年）复铸。嘉定初年尚在，此后失载。	此监存在时间较长。产量较高。南宋时曾铸当三、当五大钱。今存宝庆、端平、嘉熙铁母中有背带"惠"字者，端平铁母有背带"邛"字者，被认为是纪监钱，如属实，则端平、嘉熙年间此监尚在。

钱监名称	地点	存在时间	备注
绍兴监	利州	绍兴十五年（1145 年）置，南宋绍熙末年罢。	绍兴二十年（1150 年）前后岁额折二钱、小平钱各五万贯。今存端平铁母钱背有带"利"字者，被认为是纪监钱，如属实，则此监端平年间尚在。
广惠监	夔州路南平军城西南一里	北宋时建，南宋前期曾在，裁撤时间不详。	小钱监，岁额仅数千贯。
广积监	夔州路施州	北宋绍圣三年（1096 年）建，南宋前期在，孝宗以后情况失载。	绍兴末年岁额七千贯。
绍兴监	利州	始置时间不详，绍兴十五年（1145 年）复置，嘉定三年（1210 年）以后情况失载。	绍兴十五年（1145 年）定岁铸折二、小平各五万贯。淳熙年间曾铸当三钱，嘉定年间曾铸当五钱。今存端平铁母中有背带"利"字者，被认为是纪监钱，可证此时此监尚在。
和州监	和州	乾道四年（1168 年）置，不久废罢。	铸额失载。
同安监	舒州	乾道六年（1170 年）置，淳熙初年罢，淳熙五年（1178 年）复。嘉泰三年再罢，开禧年间复，嘉定七年（1214 年）再罢，此后失载。	乾道六年（1170 年）时岁额五十万贯。
宿松监	舒州宿松县	始置时间不详，淳熙十年（1183 年）罢，并入同安监。	
蕲春监	蕲州蕲春蕲口镇	乾道六年（1170 年）置，淳熙元年（1174 年）正月罢，五年（1178 年）十二月复，嘉泰三年（1203 年）七月再罢，开禧元年（1205 年）再复，南宋后期尚在。	淳熙十二年（1185 年）岁额二十万贯。绍定年间可岁铸二十七万贯。是南宋存在时间较长的铁钱监。今绍定、端平铁母中有背带"春"字者，被认为是纪监钱，则可证此时期此监存在。

钱监名称	地点	存在时间	备注
齐安监	黄州	乾道六年（1170年）置，废罢时间不详，似存在时间不长。	铸额失载。
富民监	兴国军大冶县	乾道六年（1170年）置，绍熙年间罢。	乾道八年（1172年）定岁额十万贯。
广宁监	江州	乾道六年(1170年）置，废罢时间不详，似存在时间不长。	乾道八年(1172年）定岁额十万贯。
丰余监	临江军	乾道六年（1170年）置，废罢时间不详，似存在时间不长。	乾道八年（1172年）定岁额六万贯。
裕国监	抚州	乾道六年（1170年）置，废罢时间不详，似存在时间不长。	乾道八年（1172年）定岁额六万贯。
定城监	广州	淳熙末年置，绍熙年间罢，似存在时间不长。	铸额不详。
汉阳监	汉阳军	绍熙二年（1191年）置，嘉泰三年（1203年）罢，开禧元年（1205年）复，绍定初尚在，废罢时间不详，存在时间较长。	嘉定年间岁铸二三十万贯。是南宋重要铁钱监。

　　南宋纸币发行量增加，最高发行额曾超过十亿贯。在宁宗、理宗、度宗三朝，纸币是当时流通领域内数量最多、所占比重最大的货币。与北宋相比，重要的变化是以铜钱为面额的纸币的数量增加，分别以铜钱、铁钱、白银为面额的多种纸币并行。南宋时期先后发行的纸币有会子（东南会子、京会）、淮南交子、湖北会子（京湖会子）、关外铁钱会子、银会子、四川会子、四川银会、金银见钱关子等，还有自北宋即已存在且南宋继续行用的钱引。南宋纸币发行虽广，但它却不是一种具有无限法偿能力的货币。官方推行的"钱会中半"的政策，规定纳税及购买禁榷商品不能全用纸币。有些种纸币（例如淮交）更是只能在规定区域内行使。令人遗憾的是，迄今未见有南宋纸币实物存留。只有几种纸币印板，即国家博物馆收藏的会子印版、近年新发现的东至关子印板等，尽管学界对它们尚存疑议，却是研究南宋钱币的不可忽视的珍贵资料。

　　由于纸币时常出现信用问题，由于货币分区给贸易带来不便，由于铁钱沉重易锈蚀等，同时也由于金银体积小、价值高等优点，就给金银在流通领域进一步发挥作用提供了机会。南宋时期的金银在流通领域的活跃程度，明显超过北宋，更超过了唐、五代。官方立法明文规定，在某些交通不便地区，允许以白银代替铜钱偿纳赋税。又明文规定，在购买禁榷商品时，可以按比例用金银代替铜钱。北宋时期，设立了专营禁榷商品的榷货务。北宋后期，又建立了专营茶的交易的都茶场。此后榷货务都茶场成为官方经营禁榷商品盐酒茶矾香药钞引的核心机构。南宋时期，于都城、镇江、建康、成都四地分设榷货务都茶场，其钞引交易通常都是大宗交易，数额动辄成千上万。白银价值高、体积小，便于携带，较适合钞引交易。起初，白银只是"轻赍"中的一种，与便钱券、绢帛混合使用。宋孝宗乾道八年（1172年），宋廷颁令，将白银同其他"轻赍"区别，规定购买钞引时十分之二必须缴纳白银。这使白银的法偿地位得到明显提高和加强。这些规定实际上承认了金银作为货币的法偿地位。南宋北部边境全部行用铁钱，军将士兵奉禄赏赐所得铁钱不能用于内地，他们强烈希望增加白银在奉禄赏赐所占比重，这推动了军费中白银数量的增加。南宋颁布了禁止白银出境的法令，这从一个侧面表明了白银在社会生活中地位的提高。南宋金银在形制上颇为灵活，大小多样，便于分割使用，也给流通提供了便利。

除了用于流通，作为交换媒介的普通铜、铁钱之外，还有一些主要功能不是用作交换媒介的"钱"。南宋人洪遵在其《泉志》的第十三章《奇品》、第十四章《神品》、第十五章《厌胜钱》中，记载了20余种主要不是用于交换的钱。其中有宗教色彩较浓的辟兵钱、青溪宅钱、玄武钱等，也有如天下太平钱、（日入）千金钱等表示祈福的钱，还有用于喜庆典礼的龙凤钱、撒帐钱等。依照此书体例，书中所记这些钱都是前代铸行的钱，由于历史的连贯性，南宋也应有性质类似的钱存在，本书也收录了此类钱币。这些非流通钱有铜质、金质、银质、玳瑁、犀角等。从功能上区分，则有厌胜钱、游戏钱、凭证钱等。

南宋时期婚嫁时往往以非流通钱作礼物。宋朝制度规定：亲王娶妻，订亲礼中有"小色金银钱三十千"，女方还礼，要有"银钱千文"（《宋会要辑稿》礼五三之一八、《宋史》卷一一五《礼志》）。宋朝制度又规定：公主出聘后婚后，被选中的附马入谢，皇帝以赐给他许多物品，其中有银钱"二十千，重二千两"；公主出降时，"又赐宰臣、亲王、枢密、参知政事、两制、侍从、内职阁门祇候以上、诸军副指挥以上金银钱胜包子（"胜"疑是"盛"之假借）各有差"（《宋会要辑稿帝系》八之五）。周密记宋理宗时周汉国公主出嫁，"依熙宁式"，"赐宰执、亲王、侍从、内职、管军副都指挥使已上金银钱盛包子有差"（《武林旧事》卷二《公主下降》、《南渡宫禁典仪》）。受宫廷影响，民间婚嫁也往往使用金银钱。南宋吴自牧《梦粱录》卷二〇《嫁娶》记都城婚嫁风俗："牵新郎回房，讲交拜礼。再坐床。礼官以金银盘盛金银钱、采钱、杂果撒帐。"南宋宰相史浩撰有《撒帐文》（《鄮峰真隐漫录》卷三九），是专门用于谈婚嫁的。关于南宋非流通钱用于生子礼，洪迈记："车贺都钱塘以来，皇子在邸生男及女，则戚里、三衙、浙漕、京尹皆有饷献，随即致答，自金币外，洗钱钱果，动以十数合，极其珍巧。"（《容斋四笔》卷六《洗儿金钱》）周密记南宋宫中后妃怀孕核实后，照例颁给赏赐，其中有"银钱三贯足"（《武林旧事》卷八《宫中诞育仪例略》）。吴自牧记南宋都城临安民间风俗："（孩子）满月，则外家以采画钱、金银钱、杂果以及采段……送往其家……亲月亦以金钱、银钱撒于盆中，谓之添盆。"（《梦粱录》卷二〇《育子》）这一习俗似乎与前述得子家以金银等钱予人相反，竟是他人以金银钱作礼物给得子家了。通常，非流通钱的生产成本较高，不少非流通钱都是自皇宫流出（被称为宫钱），特别是金银钱更是如此。从本书收录的宫钱看，它们比以往历代宫钱内容更广泛，品种更多样，铸造更精美，达到了古代宫钱铸造的高峰。

将南宋钱币的图像、资料汇集于一书，为钱币学研究提供一种较为完备的工具书，是学界多年以来的愿望。本书收录了大量金、银锭图像，提供了相关数据。其中许多银锭都有文字，有的文字多达100多个。这些文字提供了丰富的信息，使我们不但可以拓展对南宋银铺业、白银流通情况的认识，甚至还可以深化对相关领域的了解。例如有些文字可以使我们增加对食盐禁榷制度变化的了解。总之，本书汇集的大量南宋钱币的图像、资料，不但有利于推动钱币学的发展，填补学术空白，而且可以给史学研究提供新的营养。

《金银铤编》凡例

一、金银铤卷收录的是目前发现的南宋时期各类金银货币近 800 件。按照金银质地分为二大部分，分别根据其形制、重量、铭文内容来分类梳理编撰。

二、南宋时期的黄金货币形制多样，有铤、牌以及金页（箔）。铤有伍拾两、贰拾伍两、壹拾两、捌两、柒两、陆两、伍两、叁两、壹两等，形状有直型和束腰型两种，牌的重量是一两金铤的十分之一，页（箔）重量与一两金铤相同。

三、南宋时期的白银货币以铤为形制，按重量大小可分为伍拾两、贰拾伍两、壹拾贰两半、陆两、伍两等，以束腰为主。

四、本书以铤面的铭文内容来排列，以铤名、地名、人名、用项、重量等来排序。

五、本书正文前有关于南宋金银铤整体情况的概述；每章、每节前对本章节内容做了概述。

六、具体到各枚货币的描述，一般给出尺寸、重量和戳记、刻字等信息；对戳记或刻字的特殊信息分别在首次出现该信息的货币下做了专门的解读和诠释。

七、戳记信息中的重复的，一般只释读一次，如四角均有"霸北西街"字样的，在信息中只出现一次；多行刻字信息者以"/"标记倒行，以空格表示文字的不连接。有些残泐不清的字样，能明确有字数的以相应个数的"□"表示，多字则以"……"表示。

八、图片以选取正面图像为主，个别辅以背面；正、反面有铭文的一般都两面都予以呈现。图片有部分缩小，下多标有比例，个别倾斜者则不宜给出比例，请参考相应的尺寸和重量。

综述：南宋金银货币研究

李晓萍

南宋王朝（1127～1179 年）历时 152 年，与其在政治、军事上的赢弱无能相比，其经济、文化得到了蓬勃的发展，这在丝织、制瓷、造船、造纸、印刷、漆器、农田水利上都有所体现。经济的繁荣大大促进了货币形式的多样化，除纸币与铜钱等重要通货外，黄金白银也作为国家的基本财富，参与到地方政府的上供、国家税收、专卖制度、海外贸易等领域中来。1955 年湖北黄石市出土了银铤 292 件，其中 155 件有铭文，这是南宋银铤出土最集中的一次。1956 年杭州火车站附近出土的 6 件壹两金铤，是首次发现的南宋黄金货币。之后，浙江杭州、湖州、温州，安徽六安，河南方城，江苏溧阳，湖北黄石、蕲春，四川双流等地，都陆续出土南宋金银货币。近几年来，在南方等地又陆续出土了大量南宋金银铤，据不完全统计，出土量达千件以上，其中有大、小型金铤和各种各样铭文的大、小银铤，其数量之多，品种之全，令人惊叹。

一、南宋金银货币的形状与铭文类型

目前发现南宋黄金货币有大型金铤、壹两金铤、金牌、金页等。

　　大型金铤是近十年发现的，形制有束腰型和直型二种；重量有伍拾两、贰拾伍两、拾贰两半、拾两等几种；有铭文和素面二类，铭文又有刻字和戳记之分；成色有足金和九分金。大型金铤在使用时，常会根据用量分割使用，就出现被切割过的痕迹，或一半、或缺角等。在发现的大型金铤里有很大一部分的经过切割的，这是古代人们使用金银的真实反映。

　　壹两金铤有直型和束腰型两种。直型的通常在铤的中间和两头砸有铭文，铭文有"韩四郎""李六郎""武一郎""石元铺""石三郎""陈二郎铁线巷""刘顺造"和"十分金"等。束腰型的有铭文和无铭文两种，铭文有"严念三郎记"。金页铭文有"霸头里角韩四郎""陈二郎铁线巷""市西坊北""保佑坊南""清河坊西""官巷前街""天水桥东"等。金牌铭文有"韩四郎""张二郎""出门税"等多种。金铤、金牌、金页的铭文比较简单，通常是有表示金的成色、金银铺名、工匠名及彰名店铺的押记等。如"相五郎十分金""苏宅韩五郎""石五铺记""石元铺十分金""铁线巷陈二郎十分金"等等。

　　关于银铤，胡三省《通鉴释文辨误》谓："今人冶铤，大铤五十两，中铤半之，小铤又半之，世谓之铤银。"存世的南宋银铤的形状都是束腰形，重量有伍拾两、贰拾伍两、拾贰两半、陆两等，甚至更小。实测伍拾两重1800～2000克；贰拾伍两为900～960克；拾贰两半两为400～500克；陆两为200～220克。其铭文却大有差别，可以分为三类：1. 用刀錾刻的，文字内容较长，如"全州通判起解宝祐二年冬季银前赴淮西总领所交纳从事郎全州军事推官赵崇达"，长达35个字。2. 在加盖戳记的银铤上钤刻用项的铭文，如中间戳记"贾寔 李□ 沈执中 盛缣京销 烨熔林伯森"，两边刻字"泉州通判厅起发淳祐六年分称子董成夏季纲银监官朝请郎签书平海军节度判官公事卓"。3. 戳记，文字较短，通常有表示银铤性质的"京销铤银""京销细渗"等，表示金银铺金银匠名的"周王铺""赵孙宅""苏宅""旧日韩陈张二郎""杜一郎"等，有表示金银铺位于地的"霸北街西""都税务前""猫儿桥东""街东桥西"等，有表示成色的"渗银""细渗""正渗""真花银"等，有表示重量的"重伍拾两""重贰拾伍两""重拾贰两半"等。这三类银铤不仅让我们看到了有与国家专卖、上供、税收制度密切相关的"上供银""纲银""广东运司""淮西银""天基圣节银""经总制银""宽剩银""广东钞库""务场官""军资库""马司银""免丁银""出门税""籴本纲"等特殊字样，还有负责上供、纳税、专卖的各级官员名，和铸造银铤的地名、金银铺名、银匠名以及表示银的成色和重量等内容的铭文。同时，通过银铤上的地名，我们可以看出南宋银铤来源于不同的地区。绝大部分是出产于京城临安金银交引铺的，另一部分则是来源于各地产银区，由当地金银铺铸造的不同种类的上供银和专卖税收折银。

二、铸造南宋金银货币的铺席——金银盐钞交引铺

在发现的南宋金银铤中，有很大一部分砸上了金银铺名、金银铺主人或金银匠名，还有的砸上临安的街巷名、桥名和街区方位，说明该金银铺的位置。目前发现的金银交引铺名有苏宅、朱铺、陈曹宅、孙武宅、韩宅、吴宅、丁三郎铺、陈铺、赵王家、沈铺、通泉王家、南银铺刘宅、陈李宅、林铺、左郜宅、赵宅、聂二郎铺、聂宅、王宅、孙宅、屠林铺、苏孙宅、程二郎铺、陆宅、丁铺、顾铺、宋宅等等。金银铺主人或金银匠名的有陈二郎、苏宅韩五郎、旧日韩陈张二郎、相五郎、倪六郎、霸西王二郎、赵宅韩二郎、霸西夏四郎、霸北梁一郎、李六郎、王天锡郎、姚七郎、刘五郎、吴二郎、丁三郎、张百一郎、王六郎等。临安的街巷名，桥名和街区方位的有霸北街西、霸北街东、霸南街西、霸南街东、霸东街南、霸东街西、霸西街南、铁线巷、柴木巷、水巷里角、跨浦桥北、市西、猫儿桥东、都税务前、霸头里角、官巷前街、清河坊北、保佑坊南、市西坊北、街东桥西、桥东街西、街东面西等。从这么多不同的铺名、人名、地名中可以看出临安金银交引铺业的繁荣程度，其打造金银铤的数量是可想而知的。不仅如此，在南宋银铤上还发现有温州的康乐坊西、简松坊，嘉兴的广平桥，南京的镇淮桥北、建康御街、江苏镇江、安徽光州、湖北襄阳等地名。这说明在京城以外也开设了金银铺。

金银铺原本是买卖打造金银器皿和铤牌等。在城市商业中算是上等的店铺，只有富商才有实力从事这一行业。金银盐钞交引铺是在保留前朝金银铺的各项业务的基础上新增了兑换和买卖政府专卖品——盐茶钞引的业务，是一种带有某些官方色彩的民间金融机构。

交引，或称钞引，是一种有价证券，是官府发给入中的商人支取钱茶盐香药等物的凭证。

所谓入中，最初是宋朝政府募商人入纳粮草于指定的西北边沿地区，颁发交引或钞引给商人，商人得到交（钞）引后，可以到京师榷货务都茶场或其他州军换取

现钱，也可以换取茶、盐、香药等其他专卖货品。后来，入中范围逐渐扩大，无论商人入纳粮食还是现钱或官府所需之物，也不论是沿边、京师还是其他州军，只要官府允许的这类贸易都称之为入中。

由于交引是有价值的，因此，北宋时，当商人携交引到京城榷货务都茶场换取钱物或茶盐钞引时，榷货务都茶场为了防止冒名领取，要求商人必须请有实力的交引铺户作保，方可领取。"交引铺户，榷货务都茶场给与印历，逐名抄上客钞，钮筭交引请钱，以三五名为一保，具物产抵当。每铺户据名具申三司，开封府取责门户，晓以客人，许令下钞贴算。牙保人须得引客于王名铺内下钞，不得邀滞。"[1]"客商将沿边入中粮草交引，赴京请钱，榷货务都茶场须得交引铺户为保职，方许通下，其铺户邀难客旅，减剋钱物与本务公人，请废铺户作保。"[2]"又以北商持券至京师，旧必得交引铺为之担保，并得三司符验，然后给钱，是以京师坐贾，率多邀求，三司吏稽留为奸，乃悉罢之，命商持券径趣榷货务都茶场，验实，立偿之钱。"[3]从上述文献可以看出，交引铺是在给客商做担保时根据客商给与的利益多少给与担保的，利益丰厚，而且还与榷货务都茶场官员勾结，操纵钞引市场，后被罢之。

南宋延续了交引铺作保的手续，请算钞引都需要召保。"其召保，给据及报榷货务都茶场都茶盐场籍记、拘收，一切关防、断罪，并依用金银钞请算，已降指挥。"[4]而且，交引铺还为客商代办买卖钞引的各种手续，代理榷货务都茶场的钞引业务。

由此可见，金银铺交引铺对客商负有一定的担保责任的，因而客商需要支付交引铺一定的钱财，才能得到交引铺的担保。其次，有些商人，他们并不从事盐茶等专卖品的买卖，在榷货务都茶场换取盐茶钞后，就可以拿到金银交引铺出售。同时，金银交引铺户与榷货务都茶场官员相互勾结，操纵钞引买卖，低买高卖，谋取丰厚利润。戴裔煊《宋代钞盐制度研究》分析认为："商人开设交引铺之目的，固在乎

1　[清] 徐松：《宋会要辑稿·食货五五》"榷货务都茶场"所载"大中祥符六年七月诏"。
2　[清] 徐松：《宋会要辑稿·食货三六》"榷场大中祥符八年六月上封者"言。
3　[宋] 李焘：《续资治通鉴长编》卷一一八"仁宗景祐三年"条。
4　[清] 徐松：《宋会要辑稿·食货二六》。

蓄茶盐钞引以射利。"[1]《宋会要·食货》亦载："交引铺以贱价取之，坐获厚利。"[2]

南宋定都临安后，"四方之民云集二浙"。耐得翁《都城纪胜·铺席》记载："都城天街，旧自清河坊，南则呼南瓦，北谓之界北，中瓦前谓之五花儿中心，自五间楼北，至官巷南御街，两行多是上户金银钞引交引铺，仅百余家，门列金银及见钱，谓之看垛钱，此钱备入纳算请钞引，并诸作匠炉纷纭无数。"[3]宁宗端平年间（1234～1236年）京城临安（杭州）最繁华商业街上有百余家金银交引铺。南宋末年吴自牧《梦粱录》记录了南宋临安的风俗，包括艺文、建置、山川、市镇、物产等许多方面。其卷十三《铺席》也记载了在御街两行多为金银交引铺："杭州大街，自和宁门权子外，一直至朝天门外清和坊，南至南瓦子北，谓之'界北'。中瓦子前，谓之'五花儿中心'。自五间楼北，至官巷南街，两行多是金银盐钞引交易铺，前列金银器皿及现钱，谓之'看垛钱'，此钱备准榷货务都茶场纳算请盐钞引。并诸作分打钑炉鞴，纷纭无数。"[4]同时也记录了临安城各处的一些著名的金银铺名，如沈家张家金银交引铺、李博士桥邓家金银铺。由此可知，金银交引铺已经是城市中主要商业店铺，并逐渐形成了行市。

耐得翁的《都城纪胜》和吴自牧《梦粱录》的记载包含了三层意思：一，在京城临安御街自南部五间楼北至官巷，两旁有一百多家金银钞引交易铺。金银交引铺已经是城市中主要商业店铺，并逐渐形成了行市。《梦粱录》还记述了临安城各处的一些著名的金银铺名，如沈家张家金银交引铺、李博士桥邓家金银铺。二，金银钞引交易铺内陈列着金银和现钱，是准备兑换、请算盐茶钞引（专卖品的买卖凭证）的。由于这些"引"往往不能立即换成现钱，因此，有的就被商人出售。金银交引铺还承担收购盐茶钞引的业务，低买高卖，从中谋利。而且这种钞引买卖除了用铜钱交易外，还可以用金银交易。《宋会要·食货五》"榷货务都茶场建炎三年（1129）十月二十五日"条记载："诏：客人愿于行在送纳现钱，或用

1　戴裔煊：《宋代钞盐制度研究》，中华书局，1981年，第149页。

2　[清]徐松：《宋会要·食货三九》"市籴粮草"条："今勘会紬绢本非河北、东京商人所须，交引铺以贱价取之，坐获厚利，若不申明，恐牵制人粮，例增虚钱，浸害边计，乞并依人粮例入纳出钞，更不许抬价钱。"

3　耐得翁：《都城纪胜·铺席》，中国商业出版社，1982年。

4　[南宋]吴自牧：《梦粱录》卷十三"铺席"条，浙江人民出版社，1980年。

金银算请钞引者听，仍令提领司措置受纳，限日下给公据或合同，揭榜前去，令杭州本场，候到日下，算给钞引。"[1] 这里说的是商人到杭州榷货务都茶场算请钞引时可以使用现钱，也可以使用金银；并且需由提领司发给公据或合同。三，金银铺设置工场打造金银器饰和金银货币是金银铺的重要业务之一。《梦粱录》"并诸作分打钑炉鞲"条和《都城纪胜》"并诸作匠炉纷纭无数"条都是讲的金银打造。"诸作匠"意为有好几个打造工场和工匠；"钑"即镂，指的是金银雕刻；"鞲"即风箱，是打造金银器饰和金银货币时不可缺少的用具。可见，当时金银铺中的金银打造业已具有一定规模。

南宋京城临安工商业繁荣，百姓生活富裕。政府在专卖、上供、征税、军费、赈灾、赏赐、官吏薪俸等方面均使用金银，这势必导致金银大量流入民间。相对而言白银的使用范围更为广泛，人们甚至在衣食住行等方面也直接或间接使用白银。由于民间使用金银时通常需要换成铜钱，因此，作为兑换和买卖机构的金银交引铺顺理成章地成为最佳交易场所。日人加滕繁《唐宋时代金银之研究》认为："金银铺对于品位特别高贵的珍奇金银评给特别的价格，对通常的金银则视其金银的品种重量按时价计算，再加以一定的手续费，然后换算钱币。差不多近于机械的，不但钱币如此，欲金兑换银、银兑换金的时候，也是同样的情形办理。"[2] 加滕繁所言的"特别高贵的珍奇金银"应属于铸造特别精良的器饰，价高应是合理的，而普通的金银器饰和作货币用的金银的价格就要视其成色、重量按时价来计算价值了。这种钱与金银，金与银之间的交易可以说是一种售买与兑换。当把金银作为财物买卖时，它是一种商品。当把金银作为一种媒介互换时，它就是一种货币。

此外，金银鉴定是金银铺诞生以来的一项不可缺少的业务。买卖、兑换金银都必须要鉴定其真伪和优劣。自古以来鉴定金银就有许多方法，其中最主要的方法是备有各种金银成色的标样，以比较观察之标准。金铤上的"十分金""足金""赤金""九四金"，银铤上的"真花银""花银""渗银""细渗"等铭文指的就是金银的成色。

1　[清] 徐松：《宋会要辑稿·食货五》，中华书局，1985 年。

2　（日）加滕繁：《唐宋时代金银之研究》，中华书局，2006 年，第 490 ～ 491 页。

三、南宋金银矿开采和管理

南宋金银货币的大量发现，说明作为贵金属的黄金和白银在宋代已经被大量开采和使用。宋初，金矿主要分布在"商、饶、歙、梧四州和南安军，产量不高"。[1]宋太宗之后，在登州、莱州发现了金矿引来四方游民淘金，"四方游民废农桑来掘地采之，有二十余两为块者，取之不竭，县官榷买，岁课三千两"。[2]位于广西南路的邕州在登、莱金矿大发之后，成为南方一个重要金产地。"治平中……登、莱、商、饶、汀、南恩六州，金之冶十一……是岁，视皇祐金减九千六百五十六。"[3]当时每年的黄金产量在万两左右。"元丰元年，是岁，诸路坑冶金总计万七百一十两。"[4]南宋时，黄金产量锐减。"渡江后，停闭金坑一百四十二……饶州旧贡黄金千两，孝宗时，诏减三分之一。"[5]

宋代的白银生产在唐、五代的基础上又有进一步的发展，开采银矿规模扩大，银矿增多。《宋史·地理志》载，宋代有 54 个府州军县监有银矿，其中京西路唐州湖阳县；秦凤路陇州汧源县、凤州开宝监；两浙路绍兴府诸暨县、处州遂昌县；江南西路赣州赣县、会昌县、瑞金县，建昌军南城县；荆湖南路潭州衡山县、浏阳县，衡州常宁县，郴州郴县、桂阳县，桂阳军平阳县；福建路福州古田县、永福县、长溪县，建宁府建安县、浦城县、嘉禾县、政和县，南剑州剑浦县、将乐县、沙县、尤溪县，漳州龙岩县，汀州长汀县、宁化县，邵武军光泽县、泰宁县、建宁县；广南东路广州番禺县、清远县、怀集县、东莞县，韶州曲江县、翁源县、乐昌县，循州兴宁县，潮州海阳县，连州桂阳县，英德府真阳县、浛光县，贺州临贺县，肇庆府高要县、四会县，德庆府泷水县，惠州归善县；广南西路庆远府河池县，高州信宜县。这些产银的府州军每年都有贡银上供。

南宋时期，银矿减少，产量也减少了很多。"（绍兴三十二年）湖南、广东、福建、浙东、广西、江东西银冶一百七十四，废者八十四……"[6]又，"湖广广东西

1　漆侠：《宋代经济史》，下册，中华书局，2009 年，第 572 页。

2　[宋] 吴曾：《能改斋漫录》卷一五。

3　《宋史》卷一八五《食货志·坑冶》。

4　《通考》卷一八《征榷·坑冶》。

5　[宋] 李心传：《建炎以来朝野杂记》甲集卷一六"金银坑冶"条。

6　《宋史·食货志》"坑冶部所"条。

江东西浙东福建银坑"。¹这两则记载告诉我们南宋时仅在湖南、广东、广西、浙东、福建、江东西七路有银矿，其中被废的矿有 84 处。"庆元二年，宰执言：'封桩银数比淳熙末年，亏额几百五十万。今场务所入岁不满三十万，而岁奉三宫及册宝费约四十万，恐愈侵银额。欲权三分为率，一分支银，二分支会子。'上曰：'善。'"²这则文献则显示了庆元二年（1196 年）白银数量的大大减少。

已发现的南宋银铤中，有部分刻有府州军地名，而这些地名恰恰对应了出产白银的矿坑。如广州上供银、循州上供银、惠州上供银、德庆府上供银、潮州上供银、新州解发鄂州纲银、肇庆府纲银、桂阳县马司银、郴州纲银、静江府宽剩银等等。这说明坑冶银课是用于上供和其他税收折银。

南宋政府对金银的开采、使用和管理是相当严格的，采取了种种管理和控制金银的办法和措施。金银矿的开采是依照北宋熙丰之法，招募百姓开采，而且冶炼金银要开采者自行完成，所得金银需要交纳大约百分之二十的税："绍兴七年诏，江浙金银坑冶。并依熙丰法。召百姓采取。自备物料烹炼，十分为率，官收二分。"³采矿者除缴纳 20% 的金银矿税外，一部分金银则以和买的形式卖给官方，剩余部分可以自行拿到市场出售。而且，异地运输金银需交税，通常是白银每两抽四十文，黄金每两抽二百文钱。然而，不管是金银矿税，还是官府和买以及市场出售，其中有一部分是以上供金银的形式上供朝廷的。同时，政府强制规定每年上供金银的数量，各项税收专卖等其他官方收入也会折换成金银，而金银的来源多是金银坑冶。如《宋会要辑稿·食货》六四"上供绍兴二年闰四月十二日"条载："……欲令福建路转运司，将本路和买发上供银，委官置场；依市价收买。如或价高，所买数少……"⁴这里说的是福建路转运司在产银地置场和买上供银的情况。李心传《建炎以来朝野杂记》甲集卷十六"金银坑冶"条也记载了上供银来源于银场："今诸道上供银两，皆置场买发。""盖缘本路（广南东路）诸州每年所发上供银，除减放外总计钱下十五万二千一百六十九贯文省，自来均下一十三州府，于岁入系省等

1　[宋]李心传：《建炎以来朝野杂记甲集》卷十六"金银坑冶"条。
2　《宋史·食货志》"坑冶"条。
3　[宋]李心传：《建炎以来朝野杂记甲集》卷十六"金银坑冶"条。
4　[清]徐松：《宋会要辑稿·食货六四》"上供绍兴二年闰四月十二日"条。

钱内置场买银起发。”[1]尽管金银产量大大减少，但南宋政府对开产金银和金银上供的管理依然严格。

四、铭文显示金银的广泛使用

在南宋银铤的铭文中出现了不少"上供银""纲银""广东运司""淮西银""天基圣节银""经总制银""广东钞库""军资库""马司银""免丁银""宽剩银""务场官"等特殊字样，这清楚地显示了这些白银是与国家专卖、上供、税收制度密切相连，是国家财政收入的重要来源。

（一）上供制度与上供银

所谓上供就是指地方向京师输送财赋。在宋代上供有三种情况：一是向皇室进献财物，二是向京师输送财赋，三是各路州军按照朝廷规定的数量、时间、地点输送财赋。[2]

上供银是地方向朝廷输送白银。文献上有不少南宋时期地方上供金银的记载如"（建炎三年八月）乙巳，诏诸路催粮银，赴建康府户部送纳，其金帛并赴行在。"[3]"（绍兴五年正月）戊辰，诏权立诸路水陆纲运纲官酬赏格，凡金纲八万缗，或银五万缗，他物置二万缗以上。计程三千里。无欠违者。迁一官。以下九分至一分。其酬赏。每份皆为九等。"[4]"绍定元年，江浙诸州军折输上供帛钱数，除合起轻货，并用钱会中半。路不通水，愿以银折输者听，两不过三贯三百文。"[5]各州为了完成上供白银的数量向银场、金银铺和商人买银，还有用上供钱易银。"（建炎三年闰八月）乙亥，诏减福建、广南路岁买上供银三分之一，以宽民力。"[6]这是岁买上供银减免三分之一的史证。同书卷八十六"绍兴三年九月丁丑"条载："右迪功郎新广西南路提举盐事司干办公事李鼎臣言。广西买马岁额。增损无定。沈晦为帅。一年所买。至三千四。今率不及二千四。若欲买千骑。且以中价计之。亦不下十万余缗。况皆本路上供钱。买银每两三四千。其折与蛮夷。每两二千而已。"

1　[宋]蔡戡：《定斋集》卷一《讫代纳上供银奏状》。

2　汪圣铎：《两宋财政史》下册，中华书局，1995年，第575页。

3　[宋]李心传：《建炎以来系年要录》卷二十七。

4　[宋]李心传：《建炎以来系年要录》卷八十四。

5　《宋史·食货志下》。

6　[宋]李心传：《建炎以来系年要录》卷二十七。

这是用上供钱买银的例证，因为银较铜钱轻且值高，方便运输也能增加容积。前引"今诸道上供银两，皆置场买发"[1]和"盖缘本路（广南东路）诸州每年所发上供银，除减放外，总计钱一十五万二千一百六十九贯文省，自来均下一十三州府，于岁入系省等钱内，置场买银起发"[2]，讲的是向银场买银上供的事情。同时，各项专卖品钞引买卖收入，各种实物及税收也都需要折换成白银上供朝廷。"（淳熙）八年，知泉州程大昌奏：本州岁为台、信等州代纳上供银二万四千两，系常赋外白科，苦民特甚。"[3]这里讲的是上供银取之田赋。"又缘荆门（军）小垒难得银子，寻常贡赋多是担钱赴荆南府买银，今每年至提举司请引，及管押人纳银，有沿路脚乘等费……"[4]这是用银请茶引的很好的例证。另外，朝廷对上供进奉的白银有明确的重量规定。南宋庆元年间（1195～1200年）的《辇运令》规定：上供金银要用上等的成色，白银要销成锭，大锭伍拾两，小锭贰拾伍两。同时要钤明银数，排立字号，官吏职位姓名，用木匣封锁。

上供银是一个广义的概念，目前发现的上供银锭，其铭文表述多种多样，有直接写明上供银的，也有用大礼银、圣节银、纲银、冬季银、夏季银、州军府银，转运司银等其他称谓的。

从银锭本身观察，有的铭文表述的非常完整，有地点、时间、用项银、缴纳地点、监办官员差役、银匠等。如全州宝祐二年冬季银伍拾两银锭，通体刻字铭文"全州通判起解宝祐二年冬季银前赴淮西总领所交纳从事郎全州军事推官赵崇达"。宝祐，是南宋理宗赵昀的年号，宝祐二年即1254年。南宋政府规定地方上供财物，一年分四季上供；冬季银，即冬季上供的白银。全州，南宋属荆湖南路，相当于今广西全州县。淮西总领所，即淮西总领诸路财赋军马钱粮所，设在建康（南京），是南宋时期特有的军需财赋供输机构，主要负责供应某一方面御前军需的钱粮帛绵等。该锭是南宋荆湖南路全州府遵循朝廷的规定于宝祐二年冬季上缴淮西营军库的白银。再如，永州解淮西银贰拾伍两银锭，锭面通体刻字"今申解淮西银每锭贰拾伍两□字号称子道专典从事郎永州司法参军赵荣承议郎通判永州军事"。永州，南

1　[宋]李心传：《建炎以来朝野杂记》甲集卷十六"金银坑冶"条。
2　[宋]蔡戡：《定斋集》卷一"乞代纳上供银奏状"。蔡戡，淳熙七年三月至九月任广南东路转运司判官。
3　[宋]马端临：《文献通考》卷五《田赋》。
4　[宋]洪适：《盘洲文集》卷五《荆门军论茶事状》。

宋时属于荆湖南路，位于湖南中西部；淮西银，即上缴淮西总领所的白银。该铤系湖南永州遵照朝廷的规定向淮西总领所上缴的上供银，由永州司法参军赵荣和通判永州军事等官员督办。

这类银铤一般是各路州军按照朝廷规定的数量、时间、地点输送财赋，因而在银铤上写明上供的州军府、上供时间、送抵目的地和负责官员的官职与姓名、打造银匠名等，以便督查。

有的铭文相对比较简单，只写明上供的州军府和上供银。如霸南街西陈曹宅循州上供银贰拾伍两银铤，铭文是六个戳记"霸南街西陈曹宅重贰拾伍两"，中间刻字"循州上供银"。循州在南宋属于广南东路，今广东循州；"霸南街西"是南宋临安地名，是当时最繁荣的商业地区，相当于现在的中山中路羊坝头；陈曹宅是金银交引铺名。再如德庆府上供银京销铤银拾贰两半银铤，铭文是由戳记和刻字组成，戳记"京销铤银朱铺"，刻字"德庆府上供银库官许迪功匠黄庆仁"。"京销铤银"是京城金银铺销铸的意思；"朱铺"是金银交引铺名；德庆府在南宋属于广南东路，相当于现在的广东德庆县。这类上供银的铭文通常出现在砸有京销铤银或临安地名戳记的银铤上，这说明是各地政府为了完成上供银年额到京城临安的金银铺购买打造好的银铤，刻上地名和上供字样。

然而，循州和德庆府都是产银区为什么会向京城临安的金银铺买银呢？南宋时期，很多银矿产量减少，但上供白银数量却不能减少，那些州府只有动用其他钱财到临安金银铺购买现成的银铤以完成上缴数额。《宋会要辑稿·食货》六四"上供绍兴四年二月廿七日"条王缙上言曰："广南东路每岁上供例买轻赍，而近年坑场不发，银价腾贵。及至行在支迁，类损元价十之三四。"[1]讲的就是这样的情况。

有的南宋银铤上有千字文的编号，通常在上供银上出现，说明上供银的有严格的规定的，不仅要写明上供的时间地点等，而且一批共几件也必须清清楚楚，不得含混。这与史料记载是相符合的。

把上供的白银编组成纲叫纲银。纲是纲运的意思，宋时把需要运输的官物编组成若干单位，每个单位为一"纲"，由相关官吏监押，使用军队或差雇来的百姓运送，走水路谓之漕运，走陆路谓之陆运。运粮即纲粮，运银即纲银。有一件泉州通

---

1 [清]徐松：《宋会要辑稿·食货六四》之五十。

判厅起发淳祐六年分夏季纲银伍拾两银铤，中间戳记"贾寔 李□ 沈执中 盛缣 京销熔烨林伯森"，两边刻字"泉州通判厅起发淳祐六年分称子董成夏季纲银监官朝请郎签书平海军节度判官公事卓"。该铤是泉州通判厅于淳祐六年（1246年）夏季向朝廷上缴的上供银。

纲银是由从多种途径的上供物资折换的白银，其中最主要的有夏、秋两税中的粮食、绢帛等实物折银、地方政府购买的上供银等等。

转运司又称"漕司"，各路均有设立，由转运使执掌。转运司负责一路之财政，所谓"凡一路之财，置转运使掌之"，其职责主要是负责足额缴纳上供物资，以保证中央财政收入。中央政府规定全国各路供输京师的粮、钱、金、银、丝、帛等物品的数额，称为上供年额，并具体分摊到各路转运司，由转运司督促州军经办和运输。同时还制定了严格的上供期限和考核奖罚制度。

与转运司有关的南宋银铤非常少见。有一种砸有"广东运司"戳记的银铤，广东运司全称广南东路转运司。《宋会要辑稿·食货》卷三四"坑冶"条记载："（熙宁十年）广南东路额钱一十万贯买银，和买银一万八千五百九十六两八钱六分。"[1] 南渡后，广南东路买银依旧。《宋会要辑稿·食货》卷六四"上供绍兴三十一年"条记载："广东路上供钱四万一千四百九十八贯文，银三万八百二十二。"[2] 绍兴朝之后，广东转运司每年桩办得钱五万缗，均分作银本（银本是买上供银的本钱）。这显示转运司在监督州军征收上供年额的同时，还需提供部分资金来购买白银用以上供。据吴泳《鹤林集》卷二二《奏宽民五事状》记载："（淳祐末年广东转运司）本司岁支银本钱四万六千六百九十八贯有奇。"[3] 有一件钤有"广东运司"的拾贰两半银铤，戳记"京销细渗广东运司杜一郎验"，"细渗"是白银成色为99.3%，[4] "杜一郎"是该金银交引铺的主人或金银匠，验是指验成色的人；"京

1 ［清］徐松：《宋会要辑稿·食货三四》"坑冶"。
2 ［清］徐松：《宋会要辑稿·食货六四》"上供绍兴三十一年"条。
3 ［宋］吴泳：《鹤林集》卷二二《奏宽民五事状》。
4 ［元］佚名：《居家必用事类全集》戊集《农桑类·银》载："真花细渗分数高，纸被心低四角凹，好弱幽微说不尽，论中不错半分毫。金漆花银一百分足，浓调花银九十九分九厘，茶花银九十九分八厘，大胡花银九十九分七厘，薄花银九十九分六厘，薄花细渗九十九分五厘，纸灰花银九十九分四厘，细渗银九十九分三厘，鹿渗银九十九分一厘，断渗银九十八分五厘，无渗银九十七分五厘。"

销"，意思是京城临安销铸的。这件银铤上广东运司的戳记打得很浅，不是和其他戳记同时间砸上去的，这说明是广东转运司到临安金银铺买来的银铤，再砸上"广东运司"用以上供。

在发现的银铤中有不少天基圣节银。天基圣节，或称天基节．是南宋理宗赵昀（1205～1264年）的生日。宋代的地方上供有一部分是向皇帝进献财物，尤其是每逢皇帝生日，各地都要向皇帝上供祝寿财物，通常是金银、钱、丝绸、茶、香药、珍宝等。《文献通考》卷二二记载："诸路进奉金银钱帛共二十七万三千六百八贯匹两，金二千一百两，银一十六万五千四百五十两，折银钱一万八千二百五十九贯七十七文，匹帛八万七千八百匹，同天节进奉一十二万七百四十三贯匹两。"开庆元年（1259年）福建《临汀志》中也有记载："圣节钱，每岁进奉二千两，赴行在右藏西库交纳。系诸县桩解。长汀县四百五十两。宁化县四百五十五两。清流县二百七十六两六钱。上杭县二百七十六两七钱。武平县三百二十一两六钱。莲城县二百二十两一钱。"

目前发现的南宋银铤，以理宗天基圣节为主，时间是淳祐七年（1247年）。理宗是生日是正月初五，银铤上通常刻明上供时间，如"十月初九""十二月二十日"等，现发现有两浙路转运司、浙西常平司、浙江安吉州、泉州、镇江府、建康府、罗江军、广德军等地上供的天基圣节银。有一件安吉州淳祐七年天基圣节银贰拾伍两银铤，非常经典，上面刻有"安吉州今起发进奉淳祐七年天基圣节银壹仟两并起发提刑司刑式佰伍拾共壹仟式佰伍拾两计伍拾叁铤前赴行在左藏西交纳者迪功郎安吉州州学教授权添差通判□□□朝散郎通判安吉州军事□□内劝等衔李溢朝散郎集英殿修撰知安吉州□兼管内劝□蔡"，共110字，详细记录了圣节银的来源、交纳的地方机构、白银的数量、送达的地点和国库名、负责上供的地方官员等，是目前发现的记录最为完整的南宋银铤。安吉州即浙江湖州，南宋宝庆元年（1225年）改湖州为安吉州；行在即南宋京城临安，今杭州；左藏西即左藏西库，是南宋朝廷的财政库房；左藏库分东、西二库，东库主要存放布帛等，西库存放金银、钱、券等，南宋临安的左藏库位于清湖桥，相当于杭州现在的庆春路西。《临汀志》记载："上供银每岁解发七千九百四十五两八钱三分五厘，赴行在左藏西库交纳。……圣节银：每岁进奉二千两，赴行在左藏西库交纳。……大礼银：每遇大礼年分解发进奉银二千两赴行在左藏西库交纳。"铭文为"建康府起解进奉淳祐柒年分圣节每铤重伍拾两专库王镒匠人程元等宿十月初九日迪功郎建康府司户参军兼监赵兴装文林郎建康府录事参军兼监张士逊"的伍拾两银铤上，不仅刻有上供的时间"十月初九日"，还用千字文"宿"编号，类似的还有"来"等。此外，还有一件罗江军申解淳祐七年天基节银贰拾伍两银铤，刻铭"罗江军申解淳祐柒年□天基圣节银列字号二铤共计伍拾贰两行人李大珪等军资库子黄□□进义副尉申差夔州云安巡检监军官黄应庚"。罗江军，相关于今四川德阳县；列字号是千字文编号；军资库是州军的财政库房，军资库子是管理军资库的人员，保管库物及出纳等，属差役；夔州云安，即今重庆云阳；进义副尉和巡检监军官为负责上供的天基节银的官员。这说明这件天基圣节银是从军资库发运的。

（二）专卖收入折换为白银

宋代的专卖品主要有盐、酒、茶、香、矾等，专卖收入与田赋收入基本持平，二者是国家财政收入的主要部分。南宋版图缩小，田赋收入减少，因而专卖收入成为国家财政收入中的重要部分，其中又以盐榷为主要收入。在发现的银铤上并没有直接写明盐榷、盐税等字样，但出现了"广东钞库""钞铺"等反映盐专卖的铭文。最为典型的是钤有"广东钞库"的银铤。钞库即卖钞库，是一种买卖盐钞的机构。比其经营规模小一点的是"钞铺"，即买卖盐钞的店铺。

钞，即盐钞，又称盐交引、盐钞、盐引，原本是一种支盐贩卖的信用票据，基本功能是"用钞请盐"。盐商贩盐向官府入中钱货，官府发给盐钞，然后商人持盐钞到指定地点折支食盐贩卖。《文献通考》记载了盐钞的由来及行用情况："祖宗以来，行盐钞以实西边。其法：积盐于解池，积钱于京师榷货务都茶场，积钞于陕西沿边诸郡，商贾以物斛至边入中请钞以归。物斛至边有数倍之息，惟患无回货，故极利于得钞，径请盐于解池。"[1]

南宋高宗时期，为了躲避战乱，筹集军费。朝廷采取卖钞换钱的办法，大量印制盐钞，以换取资金财物。《宋史·张悫传》载："高宗为兵马大元帅，募诸道兵勤王，悫飞挽踵道，建议即元帅府印给盐钞，以便商旅。不阅旬，得缗钱五十万以佐军。""印卖东南、北盐钞引。"[2]大元帅府卖钞换钱的办法，初衷是高宗即位前

1　[宋] 马端临：《文献通考》卷十六《征榷考三》。
2　[清] 徐松：《宋会要辑稿·食货三二》之一九。

为应付急需而采取的权宜之计。但高宗即位后的十几年里，在金军追逐下东逃西窜，这种权宜之计竟发展成了经常性的敛财办法。高宗和孟太后等在逃经的扬州、镇江、建康（南京）、越州（绍兴）、明州（宁波）、温州、吉州、杭州等地先后设立卖钞库，靠沿途卖钞来维持日常开销。而且在整个南宋时期，卖钞一直没有中断过，成为南宋政府主要的财政收入，"自南渡以来，国计所赖者，唯盐"[1]。而且，巨大的军费开支也来源于盐钞。盐钞已经成为类似现在的债券，通过卖钞而直接获得较多的现钱。这时的盐钞已经具备某些信用货币的功能。《宋会要·食货》"建炎三年十月二十五日"条记载："诏：客人愿于行在送纳现钱，或用金银算请钞引者，听，仍令提领司措置受纳，限日下给公据或合同，揭榜前去，令杭州本场，候到日下算给钞引。"[2]这里说的是商人携带金银或现钱到杭州榷货务都茶场算请钞引时的有关规定，即商人带钱或金银去杭州的榷货务都茶场算请盐钞，需由提领务场的监督官发给公据或合同。

卖钞库，是买卖兑换盐钞的机构。广东钞库是设立在广南东路的卖钞库，专门承接广东盐钞的印发、买卖、兑换等业务。至于具体是什么时候成立的，文献中并没有记载，只是在《宋会要辑稿·食货》二七中提到一句："乾道元年三月十二日广东提举盐事石敦义言：广州卖钞库准给降广东路广、惠、潮、南恩四州盐钞共五十万贯，计盐九万九千九百九十九箩。"[3]据此可知，在乾道元年（1165年）广州即广东卖钞库已经存在。因为广东卖钞库设在广州，所以也称广州卖钞库。

广南因地处岭外，盐是专卖品，是由政府控制。建炎四年（1130年）正月八日，应权户部侍郎提举榷货务都茶场高卫之要求，准许印制广南盐钞二十万贯，招商人入纳算请，所得的钱供行宫之用。这是广东实行盐钞通商法的最早记录。绍兴三年（1133年），政府在镇江和吉州设立榷货务都茶场，但是，因为广东盐大部分依旧采用官买官卖，所以于绍兴五年（1135年）十一月撤销了吉州榷货务都茶场。尽管如此，盐钞通商法从绍兴年间已经在广东开始实行了。《宋会要辑稿·食货》二八之二二记载："（淳熙十年十二月）广东路奉行钞法，自绍兴间客铺赴广州卖

---

1 ［宋］李心传：《建炎以来系年要录》卷八十"绍兴五年三月"条。
2 ［清］徐松：《宋会要辑稿·食货五五》之二五。
3 ［清］徐松：《宋会要辑稿·食货二七》。

钞库人纳，皆是用银……今二广通行客钞……今相度欲将客人入纳算买广西钞引，每篓钞面正钱五贯省，一例作每两（银）价钱三贯五十文九十八佰折银。"[1] 这里讲的是从绍兴年间起，广东路通行盐钞法，商客买钞是去广州卖钞库，使用的就是白银。而且，广西也流行此法。《宋史·食货志》"度宗本记咸淳七年四月辛亥"条："免广南提举司盐篓银三万两。"[2] 所谓盐篓银就是盐钞官卖的收入。可见，至少自南宋中期起，广东卖钞库已经存在。到了晚期依然在行使卖钞的业务。

广东钞库银铤有贰拾伍两和拾贰两半两种。如京销银广州钞库贰拾伍两银铤，铭文为戳记"京销银广州钞库霸西陆宅贰拾伍两"："京销银"是京城金银铺销铸的意思，"霸西"是临安地名，"陆宅"是金银交引铺名。霸北街东广东钞库拾贰两半银铤，戳记"霸北街东重拾贰两半赵孙宅广东钞库梁平验□钞铺朱礼□"："霸北街东"是临安地名，"赵孙宅"的金银交引铺名，"梁平验"是一个叫梁平的人验成色。从实物来观察，砸有"广东钞库"字样的，有以下一些特征：1. 都是带戳记（部分还刻字）的银铤；2. 戳记内容大多是京销铤银和临安地名；3. 和钞铺、梁平验一起出现，而且这些戳记是浅打，这说明是在银铤铸就后加盖上去的。这些特征告诉我们这些广东钞库的银铤的原产地是在临安城的金银交引铺，是作为特殊商品被需要买盐钞的客商拿到广东卖钞库交易盐钞。

砸有"务场官""烧验讫"等戳记的金铤，是南宋榷货务都茶场的黄金货币。榷货务都茶场是从事政府专卖品（盐茶酒等）业务的机构，亦称务场。"榷货务都茶场者，旧东京有之。建炎二年春，始置于扬州。明年又置于江宁。绍兴三年，又置于镇江及吉州。五年冬，省吉州务，而行在务场随移临安，以都司提领。……淳熙中，三务场官吏互争课赏，始禁镇江务钞引不得至临安。"[3] 可见，"务场官"是榷货务都茶场的官吏。金铤上的"烧验讫、叶师武验""烧验讫康端义验讫"等铭文，都是验定成色后留下的印记。

在南宋银铤中，有一类砸有"京销铤银"或"霸北街西"等临安地名戳记的银铤上，在其铤面中间，加刻两行字，一边是"某某京销"或"某某银"，一边是

1　[清]徐松：《宋会要辑稿·食货二八》之二二。

2　《宋史·食货志》下四。

3　[宋]李心传：《建炎以来朝野杂记》甲集卷十七，中华书局，2000年，第388～389页。

"谢德明验"。如"邓瑜京销，谢德明验""潭信银，谢德明验"。可见，"某某京销"或"某某银"其实就是京销银；前面的"邓瑜""潭信"等就是人名。那么，这些人名代表是什么人？明明有的银铤上已经砸有"京销铤银"，为什么还要加刻"京销银"？是什么时间、什么场合加刻的呢？谢德明又是什么人，为什么所有的银铤都由他来检验？

南宋的金银货币主要使用于政府的专卖、赋税及地方政府向中央政府的上供等。地方政府和商人所需的金银是要向金银交引铺兑换或购买的。我们通常见到的京销铤银及临安地名的银铤是金银铺事先铸造好的，供地方政府和商人购买或兑换。所以，在再使用的时候，有必要对其重量和成色重新检验。这种"某某京销"或"某某银"加"谢德明验"应该就是这样的情况下产生的。"邓瑜""潭信"等人名应该是该银铤的原持有人。而谢德明的身份有两种可能。从商人群体的角度来看，有可能是行会的行首，或者是由行会指定的检验人。从官方的角度来看，则是京城榷货务都茶场里的金银货币检验人员。

榷货务都茶场的主要职能有专卖及金融两部分。专卖职能以茶盐的专卖为主。而它的专卖职能和金融职能是相互联系的，宋朝政府通过榷货务都茶场从茶盐香矾等商品的专卖中攫取了巨额利润。正是因为榷货务都茶场由此获有大量货币和财富，它才能够在便钱、货币兑换与回笼、入中粮草之拨付款等方面发挥很多职能和作用。因而，设立金银检验人员是极为必要的，也是必需的。

市舶收入是南宋时期重要的财政收入之一。南宋迁都临安（今杭州），统治区域缩小，政府不仅要抵抗北方金朝的侵犯，也要应付国内的社会危机，同时还要支付庞大的政府机构的日常开支，各种消费和军需民用有增无减。市舶，即提举市舶司，是检查出入海港的船舶、征收商税、收购政府专卖品和管理外商等的官方机构。早在宋太祖开宝四年（971年）就在广州设立宋代第一个市舶司，其后又在杭州、明州、泉州、密州等地设立市舶司。南宋时，密州沦陷入金，市舶机构仅剩设在广州的广南市舶司、设在泉州的福建市舶司和设在秀州华亭县的两浙市舶司。宋代市舶司的主要职能是"掌蕃货海舶征榷贸易之事，以徕远人、通远物"。[1]通过对进出货物的征税和博买，不仅促进了海内外商品的流通，还大大增加国家的财政收入。

---

[1] 《宋史·食货志下》"互市舶法"条。

宋代商人出海贸易，首先要到市舶司去登记，由官方发给证明方可出海。外商到中国贸易，抵达港时，先要请市舶司检查、抽税、征购。如果是国家的专卖商品，全部由市舶司收购，假如不是专卖品，则酌情收购。而收购往往是低价强行征收。征税收购后，市博司给以凭证，方可与民交易。

目前仅发现两件刻有"市舶"字样的南宋银铤。其一为两浙路转运司市舶案进奉伍拾两银铤，束腰型，正面有刻字和戳记，刻字内容是"两浙路转运司市舶案进奉淳祐柒年天基圣节银伍佰两每铤伍拾两计壹十铤十二月二十一朝请郎直秘阁两浙路转运判官尹焕上进"，戳记有"贾寔""京销""盛缣""沈执中"。铭文显示，它是淳祐七年十二月二十一日两浙路转运司用市舶（海关）收入折换成白银，并以天基圣节银的名义上供朝廷的。换句话说，是用市舶收取的用以进奉皇帝生日的上供银。这段铭文提到了四个关键的词语，即"淳祐七年""两浙路转运司""市舶案""天基圣节银"。淳祐是南宋理宗赵昀的年号，淳祐七年即公元1247年；两浙路是浙东和浙西路的合称，宋至道时（995～997年）设立的十五路之一，治所在杭州，辖境相当于现在的浙江全省和上海、镇江、金坛、宜兴以东地区。熙宁年间分为东、西两路，后又合一。南宋时定为东、西两路，两浙东路治所绍兴，辖境相当于现在的浙江省包括开化县以内的新安江、富春江、钱塘江以东地区。两浙西路，治所临安府（杭州），辖境相当于新安江、富春江、钱塘江以西地区以及上海、镇江、金坛、宜兴以东地区。两浙地处沿海，海外贸易盛行。早在北宋初年，政府在广州设立两广市舶司不久，就在杭州设立两浙市舶司。淳化三年（992年）移杭州市舶司于明州定海县（今宁波镇海）。咸平三年（999年）九月，又令杭州、明州各置市舶司。大观元年（1107年），政府调整市舶体制，统一在广南路、福建路、两浙路设市舶司。南宋绍兴二年（1132年），两浙市舶司又由杭州移置秀州华亭县。沿着两浙路的海岸线，宋廷还曾在江阴军、华亭海、澉浦、温州、秀州青龙镇等地设过市舶务。可见当时两浙路市舶司的规模不小，业务量也不小。两浙路的秀州、明州、杭州、温州、江阴等港的货物主要通向东北亚的日本和朝鲜半岛等地。由于两浙路市舶司贪污严重，南宋乾道初，罢两浙市舶司，其所属市舶务由知州、通判、知县、监官等共同处理，总领于转运使。"罢两浙路提举市舶司，所有逐处抽解职事，委知通、知县、监官同行检视而总其数，令转运司提督。"[1]市舶司由转运司接

1　[清]徐松：《宋会要辑稿·职官四四》。

管，市舶务的职事则划归地方官兼任，原有印鉴也被收回。"今来市舶司废置，行移文字欲就用转运司印记，元印合行缴纳。"[1]这两段文献记载是与该银铤铭文记录的两浙路转运司市舶案的情况完全一致。市舶司是为了增加国家的财政收入而设立的，其收入都是上缴朝廷的。淳祐七年（1247）两浙路转运司银铤正是进献理宗皇帝生日天基圣节的上供银。《文献通考》中曾记载宋神宗时的圣节，各路（路是行政划区）进奉金、银、钱、帛共二十七万三千六百八贯四两，其中金二千一百两，银一十六万五千四百五十两。而且，宋时对上供进奉的白银有明确的重量规定。南宋庆元年间（1195～1200年）的《辇运令》规定：上供金银要用上等的成色，白银要鞘成铤，大铤伍拾两，小铤贰拾两；并在银铤上要刻明字号、官吏职位、姓名等。该铤上还刻有两浙路转运官员尹焕的官职和名字，据《临安志》记载他曾于淳祐六年、七年任两浙路转运判官。朝请郎，朝官正七品。直秘阁，职名。转运判官，即转运司的官员，转运司设转运使、转运副使、转运判官等职，负责谷物、财货的水陆转运与出纳。这件伍拾两天基圣节银，是淳祐七年（1247年）十二月二十一日两浙路转运司用市舶（海关）收入折换成白银上供朝廷的。该铤中间砸有"贾寔""京销""盛缣""沈执中"等戳记，显示其原是京城临安的金银交引铺打造的京销铤银，后被两浙路转运司买去折换市舶收入；两旁刻字"两浙路转运司市舶案进奉淳祐柒年天基圣节银伍佰两每铤伍拾两计壹十铤十二月二十一朝请郎直秘阁两浙路转运判官尹焕上进"，清楚地交代了这个上供的天基圣节银的来龙去脉，共计十铤，五百两，由朝请郎直秘阁两浙路转运判官尹焕负责办理。

其二为广南市舶司银铤为拾贰两半银铤，铭文也由戳记和刻字两部分组成，戳记是"霸北街西苏宅韩五郎重拾贰两半杨□京销韩宗贤"，刻字是"广南市舶司监官何成瞿良□起发畸零银"。广南市舶司设置于北宋开宝四年（971年），是宋代最早设立的市舶司，其所在地——广州是海外贸易规模最大的港，贸易通往东南亚、南亚、西亚、东北非等地。"监官"即市舶监官，主要掌管抽买舶货，收支钱物等事务："每市舶司（或务）抽解博买，专置监官一员。"[2]"畸零银"是不足整数的零散白银，"起发畸零银"是广南市舶司把零散的白银搜集起来换成银铤起发解运

1　[清]徐松：《宋会要辑稿·职官四四》。

2　[清]徐松：《宋会要辑稿·职官四十四》之十一。

钱，官户不减半，民户增三分役钱，常平司五分头子钱，并令诸州通判、诸路提刑催充总制。至十一年，浙东一路收总制钱一百八十九万缗，诸路准此。乾道元年十月，又增头子钱每贯十三文充总制。是时，户部岁入视其出，阙七百万缗，故有增头子钱及官户不减半役钱之令，盖补经费也。……除四州外，东南诸州额理总制钱十百八十余万贯。"[1]由此可知，经总制钱有两部分组成：一部分是属于增税，另一部分属于移用某些财政专款改充。经总制钱并非独立的税种，是在其他征收窠目上增添一定的数额或比例汇聚而成，由各州、府、军按实际征收数额起发上供，是南宋财政收入的重要来源。

以武冈军经总银伍拾两为例，该铤正面刻字为"武冈军今解淳祐六年闰四月下季经总银三佰六十三两二分七厘大小八铤赴淮西大军库交纳"，背面刻字为"朝请郎通判军事徐耜武翼郎阁门宣赞舍人知军事王克仁"。武冈军位于湖南路西部，今湖南武冈。淳祐六年（1246年），南宋理宗赵昀的年号。淮西大军库是淮西总领所所属库房，设在建康。史载，总领所下属差粮料院、审计司、榷货务都茶场都茶场、御前封桩甲仗库、大军仓、大军库、赡军酒库、市易抵当库、惠民药局等机构。铭文显示了该铤是淳祐六年湖南武冈军闰四月夏季将经总银送交淮西总领所大军库的白银，负责送交的官员朝请郎通判军事徐某和武翼郎阁门宣赞舍人知军事王克仁。

还有一种刻有地名及经制银字样的银铤，如"广州经制银""广州经制库银""惠州经制银""循州经制银"等。其特征是银铤四角砸有戳记，中间刻字，如京销细渗猫儿桥东贰拾伍两银铤，戳记铭文是"京销细渗 猫儿桥东 吴二郎 夏华验"，中间刻字"广州经制银"。"京销细渗"是指京城销铸的细渗银；"猫儿桥"是临安城中市河上的一座桥，在御街的东面，贤福坊前；"吴二郎"是金银交引铺的主人或金银匠名。再如霸北西街惠州经制银壹拾贰两重银铤，戳记是"霸北西街壹拾贰两重"，刻字是"惠州经制银"。这类经制银是广州、惠州、循州等地将征收的上来的经制钱折换成白银，这些银铤是从京城临安的金银交引铺里买来的。

经总制钱中有一类是向地方征调某些已有的收入，如免役一分宽胜（剩）钱、奢户长雇钱、壮丁雇钱、抵当四分息钱、平准务四分息钱、增添商税钱等。其中免役宽剩钱也出现在银铤上。如广西静江府宽剩银伍拾两银铤，铭文为"静江府今申

---

1 ［宋］李心传：《建炎以来朝野杂记》甲集卷十五《财赋二》。

解宽剩银每铤伍拾两法物称子吕专典莫永进从政郎静江府司理参军儒林郎静江府军节度推官周”，是宽剩钱在白银上的体现。

免役宽胜（剩）钱，是征收徭役时另加的一种收入。宋代实行免役法，或称募役法，是宋神宗熙宁四年（1071年）王安石变法中的一项法令。募役法的核心就是用钱雇佣服役人员，规定原来必须轮流充役的农民可以出钱以替代服役，官府用这笔钱雇人充役。各州、县预计每年雇役所需经费，将差役的轻重，按户等轮充。户等的高低，按田亩、丁壮的多少而定。募役法使原来轮流充役的农村居民回乡务农，而原来享有免役特权的人户也必须交纳免役钱，官府也因此增加了一笔收入。免役宽胜（剩）钱就是这项收入中的一项，是各路、州、县依照当地差役事务繁简，自定数额，供当地费用。在定额之外另加五分之一，称免役宽胜（剩）钱，由各地存留备用。苏轼《论给田募役状》载："臣窃见先帝初行役法，取宽剩钱不得过二分，以备灾伤。"说的是征收宽剩钱不能超过二分，是备灾荒时取用。吕陶《奏乞放免宽剩役钱状》载："臣本州四县，已有宽剩钱四万八千七百馀贯。"静江府今桂林，南宋时属于广南西路；高宗绍兴三年（1133年），升静江军所在之桂州（今广西桂林）为静江府。该铤是静江府征收的免役宽剩银，由静江府司理参军和静江军节度推官督办。

在南宋银铤中还有一种叫免丁银，即是由免丁钱折换成的银两。免丁钱在南宋时有两种称谓：一是免夫钱，二是僧道免丁钱。免夫钱是从夫役演化而来，是一种非定期的赋税，是政府向应服夫役的民丁征收的代役钱。宋代规定百姓须服夫役。夫役为临时性无偿征调。如战时运输物资、修筑城寨、治理江河时等。时间一般在农闲的春季，称调春夫；如遇紧急情况征集的夫役，称调急夫。北宋熙宁四年（1071年）实行免役法后，夫役改成雇役制。应役者可以出钱免役，所纳之钱称免夫钱。这种制度比较灵活，愿充役者充役，愿纳钱者纳钱免役。每税钱一贯收免夫钱十贯，或按照户等计出钱，每夫二十到三十贯。南宋时，某些地区继续征收免夫钱，但民户并未免役。地方官府往往计算田亩，强征民夫筑城、护送官员、运输军粮武器、修治桥道、建造馆舍等，劳役仍然十分沉重。上户富室出钱雇人或强迫客户代役，夫役的实际负担者是下户和客户。

僧道免丁钱是南宋绍兴十五年创立了一项专门向僧人道士徒征收的人丁税，按僧道的等级分六等征收。"僧、道士免丁钱者，绍兴十五年始取之。自十五千至二千，凡九等，大率律院散僧丁五千，禅寺僧、宫观道士、散众丁三千，长老、知观、知事、法师有紫衣、师号者，皆次第增钱，六字、四字师号者，又倍。于是岁入缗钱约五十万，隶上供。"[1] 仅一年就征得五十万贯钱上供朝廷，实属不少了。乾道六年（1170年）以后，僧道免丁钱归入经总制钱。

南宋银铤中有几件是来自于福建泉州、湖南永州、全州、桂阳军、广东潮州等地并上解京师或淮西总领所的免丁银铤。如铭文"永州今申解淳祐十一年春从事郎永州录事参军刘来辅免丁银每铤计式拾伍两"的银铤，从铭文可知该银铤是淳祐十一年（1251年）永州上解的免丁银。目前发现的写全僧道免丁银的银铤有两个特别之处：一是将重量精确到两钱分；二是用于军费。如铭文为"武冈军今解淳祐□年□□僧道免丁银三十五（两）九钱一分共壹铤赴淮西大军库交纳"银铤，重量精确到"三十五（两）九钱一分"；还有"赴淮西大军库交纳"的字样，淮西大军库即淮西总领所大军库，说明该银铤是由武冈军征收的，是送到淮西总领所大军库作为军费的银两。

还有一件铭文为"永州申解淳祐拾年夏季僧道免丁统制官供给零银重贰拾壹两陆钱陆分陆厘从事郎永州录事参军监销杨应和"的银铤，非常特殊，铭文显示五层信息：1．"永州申解淳祐拾年夏季"为银铤上解的地点和时间，2．"僧道免丁"是征税来源，3．"统制官供给零银"表明银铤用途，4．"重贰拾壹两陆钱陆分陆厘"显示银铤重量，5．"从事郎永州录事参军监销杨应和"则是监督铸铤的官员。综合起来，这件征收于淳祐十年（1250年）夏季的僧道免丁贰拾壹两陆钱陆分陆厘的零银银铤，专门用于军事目的。

零银即畸零银，是指整数以外零馀之数的白银。南宋银铤的重量是有标准的，即伍拾两、贰拾伍两、拾贰两半等。不符合这些重量是就称为畸零银。统制官供给零银是一个什么概念？这要从南宋的军制及军俸讲起。南宋的军制基本沿袭北宋军制，但更为复杂混乱。南宋初期，政府将溃散的军队重新整编，成立五支屯驻大军，即川陕吴玠的右护军，长江中游岳飞的后护军，长江下游韩世忠的前护军、刘光世的左护军和张俊军的中护军。这些军队取代禁军，成为正规军；而禁军则降为地方军，与厢军相似。屯驻大军的各级军官职钱按其武阶官的级别支给。绍兴十三年

1　[宋] 李心传：《建炎以来朝野杂记》甲集卷十五《财赋二》。

（1143 年），禁止军队回易创收以后，宋廷给各级军官发放"供给钱"，即军职职钱（岗位津贴），具体分有七等：屯驻大军的都统制官月供给钱为 200 贯，副都统制官月供给钱 180 贯，统制官和副统制官为 150 贯，统领 100 贯，正将、同正将 50 贯，副将 40 贯，准备将 30 贯。[1] 可见，这种供给钱是以铜钱来发放的，把铜钱折换成白银就是供给银，不足整数就称为供给零银。由于，供给钱的多少是按军职大小规定数量的，而且铜钱和白银的比价也有波动。据文献记载，绍兴三年（1133 年）四月十一日银价是 2 贯 200 文（省陌钱 770 文为一贯）折合白银一两："并以银折支，每两作二贯二百。"[2] 隆兴二年（1164 后）银价是三 3 贯 300 文折合白银一两："（隆兴二年十月七日）每两官价三贯三百文入中，其市直只三贯文"。[3] 再如杜范《杜清献集》卷十四"三月初四日未时奏"记载："（军俸以银为额，实则折支）旧例（每两）作三贯三百，今来银价高贵，特作六贯折支，如此每两则有三两贯之盈余，亦足以优润军士。"所以，折换成供给银的时候是根据当时的钱与银的比价，必定不会是整数。据此可知，这件统制官供给零银二十一两六钱六分六厘的银铤，就是在这种情况下产生的。文献记载统制官的供给钱是 150 贯，而这个统制官供给零银的重量是"贰拾壹两陆钱陆分陆厘"。换言之，即 150 贯折合白银是 21.666 两，用每贯等于 770 文计算的结果是其比价是一两等于钱 6 贯 922 文钱。每月用一个 21.666 两重的银铤就可以支付一个统制官的供给银了。这是符合当时的银钱兑换的情况的。由于没有历史数据可以证明这两者间存在着必然的兑换关系，而且，当时银钱兑换的比价是有时间和地域的差别，所以还会存在其他的银钱兑换比例和兑换现象。如果按照南宋通常的一两兑换 3 贯 300 文银钱兑换比例计算，150 贯钱等于白银 44.252874 克。相当于要支付统制官两个这样的零银。值得注意的是，由于手工制作的条件限制，银铤铸造的重量不是精确的，也许还存在着用钱补足或减去差额的现象。其实如何计算并不重要，重要的是这个供给零银银铤很好地反映了当时屯驻大军军官的军俸支付情况。那么这个僧道免丁银如何被用于军俸的呢？这个银铤的铭文上有"从事郎永州录司参军监销杨应和"的字样，这是说明这个银铤的

1　[清]徐松：《宋会要辑稿·职官五七》之七三、七四、八五。

2　[清]徐松：《宋会要辑稿·食货四十》之十七。

3　[清]徐松：《宋会要辑稿·食货二七》之九。

征收是由永州地方官员监督下完成的。从事郎，南宋初等职官，从八品。录事参军，主管府衙总务、户婚诉讼等。监销是监督销铸的意思。杨应和是负责这项僧道免丁银征收和销铸成统制官供给零银的官员的名字。换言之，就是永州地方官杨应和负责向寺院征收僧道免丁银的事务，然后把其折换成统制官的职钱即贰拾壹两陆钱陆分陆厘，再支付给屯驻大军的统制官用作职位的补贴。

"出门税"金铤金牌银铤发现比较多，其铭文为戳记且比较简单，通常是银匠名加"出门税"。从字面上理解是行商出入城门缴纳的税项，属于商税。考古发现出门税性质的金铤、金牌和银铤，多发现于在河南、江苏、安徽、陕西等地。绍兴和议后，宋金边界以淮河为界，为了发展经济，维持边界和平，双方在淮河两岸设立了许多贸易榷场。"十二年，盱眙军置榷场官监，与北商博易，淮西、京西、陕西榷场亦如之。"[1]南宋一方有盱眙军场、光州光山县中渡市场、安丰军花靥镇场、随州枣阳县场、襄阳邓城镇场、天水军场等六个榷场。金方有泗州场、寿州场、颍州场、息州场、蔡州场、唐州场、邓州场、凤翔场、秦州西子城场、巩州场、洮州场、密州胶西场等12个榷场。《金史·食货志》记载："榷场，与敌国互市之所也。皆设场官，严厉禁广屋宇，以通两国之货，岁之所获亦大有助于经费焉。"[2]可见，榷场的设立给双方都带来了很大的利益。

钤有"出门税"戳记的金银铤牌具有明显宋金特色。如有一件出门税金牌上面有汉字"出门税"，还有女真文字；还有一些出门税银铤上有金人的押记等。因此，出门税应该是活跃在南宋与金的边界地区的商业税种。"出门税"金银铤牌是南宋和金代边境贸易的见证物。

由于南宋政府扩大财政收入的需要以及对白银的热衷，导致了不论是官方还是民间对白银的大量需求。这种需求又转化为金银交引铺对银铤的铸造、兑换和销售的重视和实施，才使形态各样、用项繁多的银铤大量产生。换言之，南宋银铤已经广泛使用于政府的上供、专卖、赋税等领域。

五、南宋社会生活中使用金银的情况

从大量发现的南宋金银货币上可以看出，这些金银铤牌等除了用于政府的各项

1 《宋史》卷一百八十六《志一百三十九》。
2 《金史·食货五》"榷场"条。

专卖品收入、各项赋税收入、政府规定的年度上供数额之外，还广泛使用在国用军费、官俸、回收会子、和买、修建城池等以及民间买卖、交换、礼赠、贿赂、借贷、储藏、路资等方面。这在很多历史文献中可以得到证实。如《宋史·孝宗本纪二》"乾道七年二月庚申"条记载："罢会子库，仍赐户部内藏、南库缗钱二百万，银九十万两，以增给官兵之奉。"[1]《建炎以来朝野杂记》甲集卷十七"左藏库"条记载："淳熙中，左藏库帮过三衙百官请给成，岁为钱一千五百五十八万余缗，银二百九十三万余两，金八千四百余两。"[2]这是讲用金银作官兵的俸禄的事件。金银也经常用做军费。《建炎以来系年要录》卷六十二载："（绍兴三年）授汤东野兵千人以行，赐米六千斛，黄金二百两，白金三千两，为养兵之用。"《宋史·理宗本纪》载："端平二年十一月戊辰，诏两督府各给金千两、银五万两、度牒千、缗钱五百万，为随军资。"金银用作馈赠赏赐的情况在当时也很普遍的。如《宋史·汤思退传》记载，秦桧病重时，召见参知政事董得元、汤思退二人入卧室，嘱咐后事，并各赠黄金千两。宋人笔记《玉堂杂记》记载："例赐牌子金百两。""（宋光宗时）进焕章阁学士、知襄阳府，赐金二百两，别赐金百两，白金倍之。"[3]《宋史·孝宗本纪》记载了遇到会子贬值时，孝宗出金银回收会子："己酉，尽出内藏及南库银，以易会子。"《宋史·度宗本纪》记载："（咸淳七年六月癸巳）以钱百万银五千两，命知嘉定府昝万寿，修城浚濠。"这里说用五千两白银作为修城和开浚沟壑的费用。明田汝成《西湖游览志馀》卷二五《委巷丛谈》中记载："（南宋初有人掘地得）大瓮，白金满中，……诣府自列，愿以半入官，而乞厢吏护取，从其言，得银五千两，即日买屋以居。"这里讲的是用白银买房子的事。洪迈《夷坚志支景》卷一〇《李氏二童》中讲道："（绍兴癸酉）道士掷一物与我，拾取视之，乃银也，……将银卖与市铺，其重十两，得钱二十二千，就寄铺中，时取以供衣食之费。"这是说将白银兑换成钱，用以日常开支。周密《癸辛杂识》别集卷上《林乔》载："（林乔）泉州人，景定年中因罪押回本贯。与蒲舶交，借地作屋。王茂悦为舶使，蒲八官人者漏舶事发，林受其白金八百锭，许为言之。"这里讲的是用白银贿赂。同书

1　《宋史·孝宗本纪二》"乾道七年二月庚申"条。

2　[宋]李心传：《建炎以来朝野杂记》甲集卷十七"左藏库"条。

3　《宋史·张浚传附子杓》。

续集《吴妓徐篮》记载："淳祐间，吴妓徐篮擅名一时。吴兴乌壕镇有沈承务者，其家钜富……沈不能自己，以白金五百星并缣百匹馈之。"[1] 吴自牧《梦粱录》卷二十《嫁娶》中讲道："聘礼……亦送官会、银铤，谓之下财礼。"[2]《西湖老人繁盛录》载："雪夜，贵家遣腹心人，以银凿成一两、半两，用纸裹，夜深拣贫家窗内或门缝内送人。"[3] 这些讲的是用白银做聘礼、礼金，碎银救济穷人等事。周密《癸辛杂识》续集记载："张于湖知京，王宣子代之，多景楼落成，于湖为大书楼扁，公库送银二百两为润笔。于湖却之，但需红罗百匹。"[4] 这里讲的是公库欲送银二百两作为润笔费。李元纲《厚德录》卷一记载："窦禹钧，范阳人，……尝因元夕往延庆寺，于后殿阶得遗银二百两、金三十两，持归。明日侵晨，诣寺候失物者。须臾，一人果涕泣而至，禹钧问之，对曰：'父罪犯至大辟，遍恳亲知，贷得金银，将赎父罪。昨暮以一亲置酒，酒昏忽失去，今父罪不复赎矣。'公验其实，遂同归以旧物还一。"这里讲的是借贷为父赎罪的故事。洪迈《夷坚志甲志》卷一八《余待制》记载了把银埋起来的故事："福州余丞相贵盛时，家藏金多，率以银百铤为一窖，以土坚覆之，砖蒙其上。"金银也用于路资："（嘉熙元年，召崔与之进京，）宣赐路费金三百两，曲示优崇延立宁之意。"[5]

从存世的南宋金银铤实物和历史文献记录的民间用金银情况来看，南宋金银货币已经广泛应用于各项专卖、各种赋税以及政府规定的年度上供等国家财政收入以及国家财政开支等方面。在民间生活中，金银也在商业贸易、交换、礼赠、借贷、储藏等诸多方面履行了某些货币的职能。而且，金银货币的铸造也有了固定的场所，并形成了相当的规模；金银货币的铸造开始依照统一的标准和统一的样式。

六、结论

南宋国家财政收入主要是通过田赋、徭役、地方的上供、政府控制的专卖品收入、各项赋税完成的。而这些财富有很大一部分是折成金银上供朝廷，这就促使京城以及外省的金银铺业迅速发展，大量打造金银铤等才能满足市场的需要。

---

1 ［宋］周密：《癸辛杂识》续集《吴妓徐篮》，中华书局，1988 年。
2 ［宋］吴自牧：《梦粱录》卷二十《嫁娶》，浙江人民出版社，1980 年。
3 《西湖老人繁盛录》，中国商业出版社，1982 年。
4 ［宋］周密：《癸辛杂识》续集。
5 ［宋］李肖龙：《崔清献公言行录》卷二。

　　从发现的南宋金银货币分析，可分成两大类：其一是通体钤刻铭文的通常是各州军征缴的上供银、税银，一般铭文较长，内容包括起发地点、时间、用项、缴纳地点、监办官员差役和银匠等，是当地金银铺打造的；其二是京城临安金银交引铺或外地金银铺打造的，铭文是以戳记的形式出现的，铤面铭文通常是由京销铤银、十分金、街区名、金银铺名或人名、重量组成。有的上面还刻上某地上供、某地经制银、某地纲银等，这些是州军为了完成朝廷的上供年额到金银铺去买银，刻上地名用项上供朝廷。由此可见，南宋金银货币在当时已经成为国家财政的重要支柱，是国家财政收入和支出重要媒介之一，同时也是民间商业贸易和社会生活中不可或缺的一种货币形态。但是，作为贵金属的黄金白银，由于价值高且难以获得，所以，它并不直接参与日常的商业流通，使用时需要兑换成其他货币。因此，它和真正意义上的金银货币还是有距离的。尽管如此，南宋金银货币的大量发现，至少可以说明，金银在南宋已成为普遍的、具有货币形态的特殊商品，是研究当时社会经济金融状况的极好的实物资料。

目录

第一部分

黄金货币

一、大型金铤

目前发现的南宋大型金铤，按形制有束腰型和直型两种；按重量分有伍拾两、贰拾伍两、拾贰两半、拾两、捌两、叁两等几种；根据铭文情况可分铭文和素面两类，铭文又有刻字和戳记之分；依据成色又有足金和九分金。

大型金铤在使用时，常会根据用量分割使用。这样，出土金铤就常有出现被切割过的痕迹，或一半、或缺角等。这是古代人们使用金银的真实反映。

务场官烧验讫金铤 砸有"烧验讫"等戳记的金铤是南宋官方榷货务都茶场的黄金货币，榷货务都茶场是从事政府专卖品（盐茶酒等）业务的机构，也称务场。"务场官"是榷货务都茶场官吏。"烧验讫、叶师武验""烧验讫 康端义验讫"是验定成色留下的印记。"徐赵铺""顾铺"是金银铺名。"九分四厘"是黄金的成色，即94%。

1. 南宋烧验讫伍拾两金铤

切半

戳记：（正面）务场官□ 九分四厘

叶椿 刘兴记 高顺 宋铺 周师□□；

（背面）尧（烧）验讫

长 85 毫米、宽 46 毫米、厚 15 毫米

1:1

2. 烧验讫伍拾两金铤

切半

戳记：（正面）王昇 贾友直 王宅 九分四厘

务场官（押记）张（押记）郭涤；

（背面）烧验讫 高义验

正面长 76 毫米、宽 48 毫米、厚 14 毫米；

背面长 78 毫米、宽 45 毫米、厚 14 毫米

775 克

1:1

3. 烧验讫伍拾两金铤

切半

戳记：（正面）叶春生 朱铺 九分四厘 务场官 葛文彦；（背面）烧验讫

正面长 70 毫米、宽 42 毫米、厚 13 毫米；
背面长 57 毫米、宽 37 毫米、厚 13 毫米

558 克

1：0.75　　　　　1：0.85

4. 烧验讫贰拾伍两金铤

切半

戳记：（正面）务场官(押记) 九分四厘 顾□铺 张厘 王昇；（背面）验讫 康端义验讫

长 72 毫米、面宽 36 毫米、背宽 31 毫米、厚 13 毫米

485.2 克

1：1

5. 烧验讫贰拾伍两金铤

切半

戳记：（正面）务场官(押记) 徐赵铺 李思昭 王昇 九分四厘；（背面）烧验讫 叶师武验

长 67 毫米、面宽 35 毫米、背宽 33 毫米、厚 13 毫米

417 克

1：1

6. 烧验讫贰拾伍两金铤

切半

戳记：（正面）务场官（押记） 九分四厘 孙潘宅 张师德 贾友直 蒋彦昌；（背面）烧验 杨薛崧验

正面长68毫米、宽35毫米、厚13毫米；
背面长62毫米、宽30毫米、厚14毫米
407.4克

1 : 0.85　　　　　　1 : 0.95

7. 烧验讫贰拾伍两金铤

切半

戳记：（正面）九分四厘 盛远（押记）
葛文彦 张铺□；（背面）烧验讫

8. 烧验讫贰拾伍两金铤

切半

戳记：（正面）务场官（押记）武震 九分三厘半 张师德 姜孙□□□□□；（背面）烧验讫 义验讫

长87毫米、宽33毫米、厚15毫米
673克

1 : 0.9

9. 葛文彦伍拾两金铤

残

戳记：（正面）葛文彦 沈世典（押记）

盛远（押记）；（背面）烧验讫

长 52 毫米、宽 45 毫米、厚 14 毫米

435.18 克

1:1

10. 南宋赵宅贰拾伍两金铤

戳记：赵宅 重贰拾伍两

长 182 毫米、宽 29 毫米、

厚 8～12 毫米

局部 1:1

11. 盛铺贰拾两金铤

戳记：盛铺
长 106 毫米、宽 38 毫米、
厚 12 毫米
715.4 克

12. 相五郎贰拾伍两金铤

戳记：相五郎（押记） 重贰拾伍两 十分金
长 84 毫米、首宽 58 毫米、腰宽 37 毫米、
厚 17 毫米
928.9 克

1:1

13. 相五郎贰拾伍两金铤

　　戳记：相五郎(押记)　重贰拾伍两　十分金
长85毫米、首宽62毫米、腰宽39毫米、
厚15毫米
928克

1:1

14. 相五郎贰拾伍两金铤

　　戳记：相五郎(押记)　重贰拾伍两　十分金
长84毫米、首宽59毫米、腰宽38毫米、
厚16毫米
928.5克

1:1

15. 相五郎贰拾伍两金铤

戳记：相五郎（押记） 重贰拾伍两 十分金

长 84 毫米、首宽 59 毫米、腰宽 38 毫米、

厚 16 毫米

928.5 克

1:1

16. 相五郎贰拾伍两金铤

戳记：相五郎（押记） 重贰拾伍两 十分金

长 85 毫米、首宽 62 毫米、腰宽 39 毫米、

厚 15 毫米

931.4 克

1:1

17. 相五郎贰拾伍两金铤

戳记：相五郎（押记）　重贰拾伍两　十分金
长 85 毫米、首宽 62 毫米、腰宽 39 毫米、
厚 15 毫米
928 克

1:1

18. 相五郎贰拾伍两金铤

戳记：相五郎（押记）　重贰拾伍两　十分金
长 83 毫米、首宽 59 毫米、腰宽 37 毫米、
厚 15 毫米
930 克

1:1

19. 相五郎贰拾伍两金铤

戳记：相五郎（押记） 重贰拾伍两 十分金

长 83 毫米、首宽 59 毫米、腰宽 37 毫米、
厚 15 毫米

930 克

1：1

20. 相五郎贰拾伍两金铤

戳记：相五郎（押记） 重贰拾伍两 十分金

长 84 毫米、首宽 60 毫米、腰宽 38 毫米、
厚 16 毫米

929.2 克

1：1

21. 相五郎贰拾伍两金铤

戳记：相五郎（押记）　重贰拾伍两　十分金
长 84 毫米、首宽 60 毫米、腰宽 39 毫米、
厚 15 毫米
928 克

1:1

22. 相五郎贰拾伍两金铤

戳记：相五郎（押记）　重贰拾伍两　十分金
长 85 毫米、首宽 62 毫米、腰宽 39 毫米、
厚 15 毫米
928 克

1:1

23. 十分金贰拾伍两金铤

截记：十分金　重贰拾伍两

长 90 毫米、首宽 63 毫米、

腰宽 40 毫米、厚 15 毫米

931.9 克

1：1

24. 十分金贰拾伍两金铤

截记：十分金　重贰拾伍两

长 91 毫米、首宽 61 毫米、

腰宽 40 毫米、厚 15 毫米

931.1 克

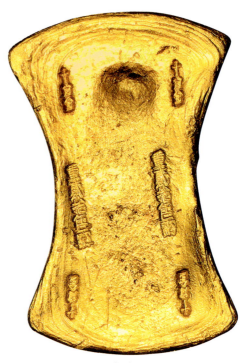

1：1

25. 二十五两金铤

戳记：彭一郎记
长 89 毫米、首宽 60 毫米、
腰宽 39 毫米、厚 14 毫米
1081.6 克

1 : 1

26. 彭一郎记拾贰两半金铤

戳记：彭一郎记
长 80 毫米、腰宽 29 毫米、
厚 10 毫米
485 克

1 : 1

27. 彭一郎柒两金铤

戳记：彭一郎
长 66 毫米、首宽 41 毫米、
腰宽 25 毫米、厚 7 毫米
272.5 克

1 : 1

28. 彭一郎拾两金铤

戳记：彭一郎记 十分金

葫芦押印

长 66 毫米、首宽 41 毫米、
腰宽 25 毫米、厚 11 毫米

385.2 克

葫芦印是宋代特有的押记，是金银
铺一种显示信誉的暗记，有的在葫芦印
中打上铺名或简称，该金铤就是一个很
好的例证。

1 : 1

29. 陈二郎拾两金铤

戳记：陈二郎(押记) 十分金

长 72 毫米、首宽 51 毫米、
腰宽 34 毫米、厚 8 毫米

366.8 克

1 : 1

1:1

30. 陈二郎拾两金铤

戳记：陈二郎（押记）十分金
长 75 毫米、首宽 51 毫米、
腰宽 35 毫米、厚 7 毫米
370.3 克

31. 陈二郎拾两金铤

戳记：（正面）陈二郎（押记）
十分金；（背面）吕
长 74 毫米、首宽 52 毫米、
腰宽 35 毫米、厚 6 毫米
368.5 克

1:1

32. 陈二郎拾两金铤

戳记：陈二郎（押记） 十分金
长 74 毫米、首宽 52 毫米、
腰宽 35 毫米、厚 6 毫米
368 克

1:1

33. 陈二郎拾两金铤

戳记：陈二郎（押记） 十分金
长 75 米、首宽 51 米、
腰宽 35 毫米、厚 7 毫米
370.3 克

1:1

1:1

34. 陈二郎拾两金铤

戳记：陈二郎（押记） 十分金

长 74 毫米、首宽 52 毫米、

腰宽 35 毫米、厚 6 毫米

368.5 克

1:1

35. 陈二郎拾两金铤

戳记：陈二郎（押记） 十分金

长 74 毫米、首宽 52 毫米、

腰宽 35 毫米、厚 7 毫米

369.4 克

36. 陈二郎拾两金铤

戳记：陈二郎（押记） 十分金
长 75 毫米、首宽 56 毫米、
腰宽 37 毫米、厚 6.5 毫米
369.2 克

1:1

37. 陈二郎拾两金铤

戳记：陈二郎（押记） 十分金
长 76 毫米、首宽 56 毫米、
腰宽 37 毫米、厚 8 毫米
370.8 克

1:1

38. 陈二郎拾两金铤

铭文：陈二郎（押记） 十分金
长 76 毫米、首宽 55 毫米、
腰宽 36 毫米、厚 9 毫米
373.9 克

1:1

39. 陈二郎拾两金铤

　　戳记：陈二郎（押记）　十分金
长 74 毫米、首宽 50 毫米、
腰宽 35 毫米、厚 6 毫米
369.6 克

1:1

40. 陈二郎拾两金铤

　　戳记：陈二郎（押记）　十分金
长 74 毫米、首宽 52 毫米、
腰宽 34 毫米、厚 6 毫米
369 克

1:1

41. 卢四郎拾两半金铤

　　戳记；卢四郎
　　墨书：拾两半
长 63 毫米、首宽 39 毫米、
腰宽 24 毫米、厚 12 毫米
389.9 克

1:1

42. 苏宅韩五郎拾两金铤

　　戳记：苏宅韩五郎

　　长68毫米、腰宽28毫米、厚8毫米

　　341克

1:1

43. 苏宅韩五郎拾两金铤

　　戳记：苏宅韩五郎

　　长65毫米、首宽43毫米、

　　腰宽28毫米、厚8毫米

　　348克

1:1

44. 苏宅韩五郎拾两金铤

　　戳记：苏宅韩五郎

　　长65毫米、首宽43毫米、

　　腰宽28毫米、厚8毫米

　　347克

1:1

45. 拾两金铤

长 75 毫米、首宽 45 毫米、
腰宽 30 毫米、厚 8 毫米
349 克

1:1

46. 拾两金铤

长 65 毫米、首宽 46 毫米、
腰宽 28 毫米、厚 13 毫米
388.9 克

1:1

47. 双葫芦印贰拾两金铤

戳记：双葫芦印
长 83 毫米、首宽 46 毫米、
腰宽 31 毫米、厚 15 毫米
716 毫米

1:1

48. 拾两金铤

长 64 毫米、首宽 46 毫米、
腰宽 28 毫米、厚 12 毫米
388 克

1:1

49. 汀州军贺礼库金铤十分色重贰拾两金铤

刻字：汀州军贺礼库金铤 十分色 重贰拾两 罗仁
718.6 克

汀州军位于武夷山脉南麓，南与广东近邻，
西与江西接壤，为闽粤赣三省的古道枢纽和边陲
要冲。贺礼库是存放向朝廷上贡物品的库房，该
铤是汀州军贺礼库向南宋朝廷上贡的金铤。

50. 吕字双葫芦印捌两金铤

戳记：葫芦印中钤"吕"字。
长 121 毫米、宽 15～18 毫米、
厚 10 毫米
300 克。

1:1

51. 葫芦印捌两金铤

戳记：葫芦印中钤"□铺"。
长 128 毫米、宽 15 毫米、厚 10 毫米
243.36 克

52. 尚坚三郎叁两金铤

残
戳记：尚坚三郎　葫芦印　□铺
长 60 毫米、宽 12 毫米、厚 13 毫米
69.7 克

53. 石五铺记拾两金铤

截记：石五铺记

长 64 毫米、首宽 46 毫米、

腰宽 28 毫米、厚 12 毫米

389 克

1:1

54. 石五铺记拾两金铤

截记：石五铺记

长 84 毫米、首宽 54 毫米、

腰宽 31 毫米、厚 8 毫米

392.1 克

1:1

1:1

55. 尚坚三郎叁两金铤

　　戳记：尚坚三郎

　　长 44 毫米、首宽 22 毫米、

　　腰宽 15 毫米

　　95.6 克

56. 尚坚三郎叁两金铤

　　戳记：尚坚三郎

　　长 44 毫米、首宽 22 毫米、

　　腰宽 15 毫米

　　95.8 克

1:1

57. 元字号贰拾两金铤

　　残

　　刻字：元 地字号捌分金 重贰拾两壹钱

　　长 134 毫米、宽 34 毫米、厚 12～8 毫米

　　549.1 克

1:1

58. 元地字贰拾两金铤

残

刻字：元 地字号 重贰拾两

长 115 毫米、宽 30 毫米、厚 10 毫米

432.16 克

1：0.8

59. 无字金铤

残

长 53 毫米、宽 53 毫米、

厚 14 毫米

584.8 克

60. 十分金金铤

残

长 32 毫米、首宽 40 毫米、

腰宽 25 毫米、厚 8 毫米

202.37 克

1：1

61. 金铤

残

长 36 毫米、首宽 40 毫米、

腰宽 25 毫米、厚 10 毫米

206.92 克

1：1

二、一两金铤

目前发现的南宋一两金铤，集中出土于杭州、江苏、安徽等地。南宋金铤的形制保留直型，这主要是铸造工艺的原因，制作较为规范。有大小两种。杭州在 1956 年和 1999 年先后出土两批金铤，尺寸重量大致相同，一般长 101 ~ 126 毫米、宽 10 ~ 17 毫米、厚 1 毫米左右，重 35.4 ~ 42 克。1952 年安徽休宁也出土 2 件金铤，形制、重量与杭州出土的金铤相似，均属大型。1979 年 11 月安徽合肥出土的金铤属于小型，长 70 ~ 90 毫米、宽 7 ~ 9 毫米、厚 1 毫米，重 19 克。从南宋金铤形制的变化，可以看出南宋金铤的铸造较唐代金铤已经有了极大的进步：是先制成一根长金条，再根据一定的尺寸截段，其尺寸、重量甚至成色都有了相对统一的标准。这说明，南宋金铤的打造是根据一定标准，显示一定的价值以便于流通；而且南宋金铤的尺寸、重量的规制，更接近于流通货币。这与唐代金铤大小不一、或薄或厚、轻重有别，以上贡、进献为主，有本质的区别。

1. 石元铺金铤

　　戳记：石元铺　十分金
　　长 122 毫米、宽 14 毫米、厚 1.1 毫米
　　39.1 克
　　1956 年杭州城站火车站附近出土

2. 石三郎金铤

　　戳记：石三郎
　　长 123 毫米、宽 14 毫米、厚 1 毫米
　　39.1 克
　　1956 年杭州城站火车站附近出土

3. 武一郎金铤

　　戳记：武一郎　十分金
　　长 116 毫米、宽 13 毫米、厚 1.5 毫米
　　39.6 克
　　1956 年杭州城站火车站附近出土

1:1

1:1

1:1

4. 韩四郎金铤

戳记：（正面）韩四郎 十分金；
（背面）宋宅（押记）
长 121 毫米、宽 16 毫米、厚 1.2 毫米
39.3 克
1999 年杭州西湖大道附近出土

5. 韩四郎金铤

戳记：（正面）韩四郎 十分金；
（背面）宋宅（押记）
长 120 毫米、宽 15 毫米、厚 1.2 毫米
39.1 克
1999 年杭州西湖大道附近出土

6. 韩四郎金铤

戳记：（正面）韩四郎 十分金；
（背面）宋宅（押记）
长 120 毫米、宽 15 毫米、厚 1.2 毫米
39.4 克
1999 年杭州西湖大道附近出土

1:1

1:1

1:1　　　　背面局部

7. 韩四郎金铤

戳记：(正面)韩四郎　十分金；

(背面)宋宅(押记)

长 121 毫米、宽 15 毫米、厚 1.2 毫米

39.4 克

1999 年杭州西湖大道附近出土

1:1

8. 韩四郎金铤

戳记：(正面)韩四郎　十分金；

(背面)宋宅(押记)

长 121 毫米、宽 15 毫米、厚 1.2 毫米

39.4 克

1999 年杭州西湖大道附近出土

1:1

9. 韩四郎金铤

戳记：(正面)韩四郎　十分金；

(背面)宋宅(押记)

长 121 毫米、宽 15 毫米、厚 1.2 毫米

39.4 克

1999 年杭州西湖大道附近出土

1:1

10. 李六郎金铤

戳记:(正面)李六郎　十分金;

(背面)宋宅(押记)

长 119 毫米、宽 14 毫米、厚 1.1 毫米

39 克

1999 年杭州西湖大道附近出土

11. 李六郎金铤

戳记:(正面)李六郎　十分金;

(背面)宋宅(押记)

长 119 毫米、宽 14.5 毫米、厚 1.2 毫米

39.1 克

1999 年杭州西湖大道附近出土

12. 李六郎金铤

戳记:(正面)李六郎　十分金;

(背面)宋宅(押记)

长 117 毫米、宽 14 毫米、厚 1.3 毫米

39.2 克

1999 年杭州西湖大道附近出土

1:1

1:1

1:1

13. 李六郎金铤

戳记：(正面)李六郎 十分金；

(背面)宋宅(押记)

长 117 毫米、宽 14 毫米、厚 1.3 毫米

39.2 克

1999 年杭州西湖大道附近出土

1：1

14. 李六郎金铤

戳记：(正面)李六郎 十分金；

(背面)宋宅(押记)

长 117 毫米、宽 14 毫米、厚 1.3 毫米

39.2 克

1999 年杭州西湖大道附近出土

1：1

15. 刘三郎金铤

戳记：(正面)刘三郎 十分金；

(背面)宋宅(押记)

长 104 毫米、宽 10 毫米、厚 1.8 毫米

31.2 克

1999 年杭州西湖大道附近出土

1：1

16. 薛李宅金铤

戳记：（正面）薛李宅 十分金；

（背面）宋宅（押记）

长 116 毫米、宽 10 毫米、厚 1.8 毫米

34.6 克

1999 年杭州西湖大道附近出土

1:1

17. 寺桥贾四金铤

戳记：（正面）寺桥贾四 赤金；

（背面）宋宅（押记）

长 118 毫米、宽 14 毫米、厚 1.2 毫米

39.1 克

1999 年杭州西湖大道附近出土

寺桥，可能是仙林寺桥，也是大河上的一座桥，位于文思院旁的仙林寺东部。

1:1

18. 刘顺造金铤

戳记：刘顺造

长 128 毫米、宽 17 毫米、厚 1 毫米

37.2 克

1:1

19. 刘顺造金铤

　　戳记：刘顺造

　　长 127 毫米、宽 18 毫米、厚 1.1 毫米

　　36.9 克

20. 刘顺造金铤

　　戳记：刘顺造

　　长 129 毫米、宽 16 毫米、厚 1 毫米

　　36.9 克

21. 刘顺造金铤

　　戳记：刘顺造

　　长 129 毫米、宽 16 毫米、厚 1 毫米

　　36.9 克

1 : 1

1 : 1

1 : 1

22. 刘顺造金铤
戳记：刘顺造
长 127 毫米、宽 18 毫米、厚 1 毫米
37 克

23. 刘顺造金铤
戳记：刘顺造
长 122 毫米、宽 17 毫米、厚 1 毫米
37.26 克

24. 刘顺造金铤
戳记：刘顺造
长 127 毫米、宽 18 毫米、厚 1 毫米
37.15 克

1:1

1:1

1:1

25. 刘顺造金铤

戳记：刘顺造

长 125 毫米、宽 17 毫米、厚 1 毫米

37.36 克

26. 刘顺造金铤

戳记：刘顺造

长 127 毫米、宽 17 毫米、厚 1 毫米

37.27 克

1 : 1

1 : 1

27. 刘顺造金铤

戳记：刘顺造

长 127 毫米、宽 17 毫米、厚 1 毫米

37.27 克

1 : 1

28. 刘顺造金铤

戳记：刘顺造

长 126 毫米、宽 18 毫米、厚 1 毫米

37.21 克

29. 刘顺造金铤

戳记：刘顺造

长 126 毫米、宽 17 毫米、厚 1 毫米

37.28 克

30. 刘顺造金铤

戳记：刘顺造

长 125 毫米、宽 17 毫米、厚 1 毫米

37.32 克

1:1

1:1

1:1

31. 陈二郎铁线巷金铤

戳记：陈二郎(押记) 铁线巷 十分金
长 132 毫米、通宽 19 毫米、厚 1 毫米
37.2 克

铁线巷，位于修文坊，在官巷北，西至洪福桥，南宋时中央管理土木建筑的机构——将作监一度设在这里，故名监巷。铁线巷就在此坊内，可能是与坊内设有监管军火生产机构——军器监有关。

32. 陈二郎铁线巷金铤

戳记：陈二郎(押记) 铁线巷 十分金
长 130 毫米、通宽 17 毫米、厚 1.1 毫米
36.8 克

33. 陈二郎铁线巷金铤

戳记：陈二郎(押记) 铁线巷 十分金
长 123 毫米、宽 14 毫米、厚 1 毫米
39.1 克

1:1

1:1

1:1

34. 陈二郎铁线巷金铤

戳记：陈二郎（押记） 铁线巷 十分金
长 131 毫米、通宽 18 毫米、厚 1 毫米
36.8 克

35. 陈二郎铁线巷金铤

戳记：陈二郎（押记） 铁线巷 十分金
长 13 毫米、宽 17 毫米、厚 1 毫米
37.1 克

36. 陈二郎铁线巷金铤

戳记：陈二郎（押记） 铁线巷 十分金
长 13 毫米、宽 17 毫米、厚 1 毫米
37 克

1:1

1:1

1:1

37. 陈二郎铁线巷金铤

戳记：陈二郎（押记）　铁线巷　十分金
长 132 毫米、宽 17 毫米、厚 1 毫米
37.32 克

38. 陈二郎铁线巷金铤

戳记：陈二郎（押记）　铁线巷　十分金
长 130 毫米、宽 17 毫米、厚 1 毫米
36.94 克

39. 陈二郎铁线巷金铤

戳记：陈二郎（押记）　铁线巷　十分金
长 132 毫米、宽 17 毫米、厚 1 毫米
37.13 克

1 : 1

1 : 1

1 : 1

40. 陈二郎铁线巷金铤

　　戳记：陈二郎（押记）　铁线巷　十分金
长 129 毫米、宽 17 毫米、厚 1 毫米
37.08 克

41. 陈二郎铁线巷金铤

　　戳记：陈二郎（押记）　铁线巷　十分金
长 131 毫米、宽 18 毫米、厚 1 毫米
37.04 克

42. 陈二郎铁线巷金铤

　　戳记：陈二郎（押记）　铁线巷　十分金
长 130 毫米、宽 17 毫米、厚 1 毫米
37.17 克

1 : 1

1 : 1

1 : 1

43. 陈二郎铁线巷金铤

戳记：陈二郎（押记） 铁线巷 十分金
长 131 毫米、宽 17 毫米、厚 1 毫米
36.78 克

44. 陈二郎铁线巷金铤

戳记：陈二郎（押记） 铁线巷 十分金
长 130 毫米、宽 17 毫米、厚 1 毫米
37.09 克

45. 陈二郎铁线巷金铤

戳记：陈二郎（押记） 铁线巷 十分金
长 128 毫米、宽 18 毫米、厚 1 毫米
37.18 克

1:1

1:1

1:1

46. 陈二郎铁线巷金铤

戳记：陈二郎（押记） 铁线巷 十分金

长 129 毫米、宽 17 毫米、厚 1 毫米

37.31 克

47. 陈二郎铁线巷金铤

戳记：陈二郎（押记） 铁线巷 十分金

长 130 毫米、宽 16 毫米、厚 1 毫米

37 克

1:1

1:1

48. 陈二郎铁线巷金铤

戳记：陈二郎（押记） 十分金 铁线巷

长 123 毫米、宽 14 毫米、厚 1 毫米

39.1 克

1:1

49. 陈二郎铁线巷金铤

戳记：陈二郎（押记）十分金　铁线巷
长 13 毫米、宽 17 毫米、厚 1 毫米
37.1 克

50. 十分金金铤

戳记：（正面）十分金；（背面）宋宅（押记）
长 125 毫米、宽 16 毫米、厚 1.1 毫米
37.9 克
1999 年杭州西湖大道附近出土

51. 十分金金铤

戳记：十分金（押记）
长 133 毫米、通宽 20 毫米、厚 1 毫米
37.2 克

1:1

1:1

1:1

52. 十分金金铤

   戳记：十分金（押记）

   长 135 毫米、宽 18 毫米、厚 1 毫米

   37.03 克

53. 十分金金铤

   戳记：十分金（押记）

   长 133 毫米、宽 17 毫米、厚 1 毫米

   36.96 克

1:1

54. 十分金金铤

   戳记：十分金（押记）

   长 131 毫米、宽 17 毫米、厚 1 毫米

   37 克

1:1

1:1

55. 严念三郎束腰金铤

截记：严念三郎记

长 154 毫米、首宽 22 毫米、

腰宽 19.4 毫米、厚 1 毫米

38.5 克

56. 严念三郎记束腰金铤

截记：严念三郎记

通长 13.5 毫米、首宽 23.5 毫米、

腰宽 20 毫米、厚 1 毫米

38 克

57. 束腰金铤

长 145 毫米、首宽 22 毫米、

腰宽 18 毫米、厚 1 毫米

39.4 克

1:1

1:1

1:1

1:1

58. 束腰金铤

长 144～137 毫米、首宽 21～19 毫米、
腰宽 18～15 毫米、厚 1.7～1 毫米
38.8～39.7 克

这种束腰无铭文金铤是近年来发现的，其
质地和以前发现的直型、有铭的一两金铤相似，
面呈黄金特有的光泽，深浅不一，有竖纹和磨
损痕迹。束腰的系用剪刀剪出来的，并在不平
整处有用钝器敲打的痕迹。成色 75.38%。

59. 出门税金铤

60. 吕四出门税金铤

切半
戳记：吕四 出门税
20 克

三、金牌

金牌，是一种小型的黄金货币，重4克左右，是一两金铤重量的十分之一。在杭州、安徽、江苏都有出土，其中以1988年杭州长明寺巷出土的九块金牌最为规整，形制、尺寸、重量、成色均一致，长20毫米、宽12毫米、厚1毫米，成色98%。

1. 张二郎金牌

戳记：张二郎 十分金

长22毫米、宽14毫米、厚1毫米

3.8克

20世纪50年代杭州玉泉出土。

1:1

2. 韩四郎金牌

戳记：韩四郎 十分金

长21毫米、宽14毫米、厚1毫米

3.9克

1988年杭州长明寺巷出土。

1:1　　　　　　局部

3. 韩四郎金牌

戳记：韩四郎 十分金

长20毫米、宽12毫米、厚1毫米

3.9克

1988年杭州长明寺巷出土。

1:1

4. 韩四郎金牌

戳记：韩四郎 十分金

长21毫米、宽13毫米、厚1毫米

3.8克

1988年杭州长明寺巷出土。

1:1

5. 韩四郎金牌

戳记：韩四郎 十分金

长 20 毫米、宽 12 毫米、厚 1 毫米

3.9 克

1988 年杭州长明寺巷出土。

1:1

6. 韩四郎金牌

戳记：韩四郎 十分金

长 20 毫米、宽 12 毫米、厚 1 毫米

3.9 克

1988 年杭州长明寺巷出土。

1:1

7. 王七家十分金金牌

戳记：王七家 十分金

长 25 毫米、宽 7.5 毫米、厚 1 毫米

4 克

1:1

8. 界内张温义金牌

戳记：界内张温义

长 16.5 毫米、宽 9.2 毫米、厚 1.1 毫米

4 克

1:1

9. 李小六金牌

戳记：李小六

长 17 毫米、宽 9 毫米、厚 1.2 毫米

4 克

1 : 1

局部

10. 李小六金牌

戳记：李小六

长 20.1 毫米、宽 10.5 毫米、厚 1.2 毫米

3.9 克

1 : 1

11. 界北头董家金牌

戳记：界北头董家

长 16 毫米、宽 8.8 毫米、厚 1.3 毫米

4 克

1 : 1

局部

12. 界北头董家金牌

戳记：界北头董家
长 17 毫米、宽 9 毫米、厚 1.5 毫米
4 克

1:1

13. 界内张小二渗金金牌

戳记：界内张小二渗金
长 17 毫米、宽 9 毫米、厚 1.2 毫米
4 克

1:1

14. 界内张小二渗金金牌

戳记：界内张小二渗金
长 17.8 毫米、宽 9.1 毫米、厚 1.2 毫米
4 克

1:1   局部

15. 界内张小二渗金金牌

戳记：界内张小二渗金
长 16 毫米、宽 9 毫米、厚 1.2 毫米
4 克

1:1

16. □□□金牌

　　戳记：□□□

　　长 21 毫米、宽 11.5 毫米、厚 0.9 毫米

　　4 克

1:1

17. □□□金牌

　　戳记：□□□

　　长 21.2 毫米、宽 11.1 毫米、厚 0.9 毫米

　　4 克

1:1

18. 界内王三郎出门税金牌

　　戳记：出门税　界内王三郎　十分金

　　长 19 毫米、宽 9.5 毫米、厚 1 毫米

　　4 克

1:1　　　　　　局部

19. 界内王二郎出门税金牌

　　戳记：出门税　界内王三郎　十分金

　　长 18.5 毫米、宽 10 毫米、厚 1 毫米

　　4 克

1:1

20. 界内王三郎出门税金牌

戳记：出门税　界内王三郎　十分金

长 18 毫米、宽 10 毫米、厚 1 毫米

4 克

1:1

21. 界内王三郎出门税金牌

戳记：出门税　界内王三郎　十分金

长 18 毫米、宽 9.5 毫米、厚 1.2 毫米

4 克

1:1

22. 界内王三郎出门税金牌

戳记：出门税　界内王三郎　十分金

长 18 毫米、宽 9.5 毫米、厚 1.2 毫米

重量 4 克

1:1

23. 北朱记出门税金牌

戳记：出门税　北朱记

长 15 毫米、宽 9 毫米、厚 1.4 毫米

4 克

1:1

24. 綦院使金牌

戳记：綦院使

长 20.5 毫米、宽 11.8 毫米、厚 1 毫米

4 克

1:1

25. 王八郎十分金金牌

戳记：王八郎 十分金

长 16.5 毫米、宽 7.5 毫米、厚 1.3 毫米

4 克

1:1

26. 王家十分金金牌

戳记：王家 十分金

长 17.8 毫米、宽 10 毫米、厚 1.3 毫米

4 克

1:1

27. 孙张记十分金金牌

戳记：孙张记 十分金

长 19 毫米、宽 8.2 毫米、厚 1.2 毫米

3.9 克

1:1

28. 出门税金牌

戳记：出门税 □□□□

长 22 毫米、宽 10.5 毫米、厚 1 毫米

3.8 克

1:1

29. 出门税金牌

戳记：出门税 十分金

长 20 毫米、宽 14 毫米、厚 1 毫米

4 克

1:1

30. 行在周宅赤金金牌

戳记：行在周宅　赤金

4 克

31. 南京周□金牌

戳记：南京周□

4 克

32. 十分金金牌

戳记：十分金

4 克

33. 唐一郎十分金金牌

戳记：唐一郎　十分金

4 克

34. 天水□金牌

戳记：天水□

4 克

35. 王周铺金牌

　　戳记：王周铺

　　4 克

36. 薛十一郎金牌

　　戳记：薛十一郎　十分口

　　4 克

37. 北朱郎金牌

　　戳记：北朱郎

　　4 克

38. 聂家金牌

　　戳记：十分金　聂家

　　长 20.1 毫米、宽 9.65 毫米、厚 1.1 毫米

　　3.8 克

1:1

39. 陈小五金牌

　　戳记：陈小五

　　长 21.5 毫米、宽 9.3 毫米、厚 1 毫米

　　3.9 克

1:1

40. 助聚王九金牌

　　戳记：助聚王九

　　长 15.2 毫米、宽 9.8 毫米、厚 1.2 毫米

　　4 克

1:1

41. 聂助聚金牌

　　戳记：聂助聚

　　长 25 毫米、宽 9 毫米、厚 0.8 毫米

　　4 克

1:1

42. 聂员外金牌

　　戳记：聂员外　丰二小金

　　长 19 毫米、宽 9.2 毫米、厚 1.1 毫米

　　3.7 克

1:1

43. 出门税金牌

　　戳记：出门税

　　长 21.3 毫米、宽 12.7 毫米、厚 0.8 毫米

　　3.9 克

1:1

四、金页

金页系纯金箔制成，薄如纸，形状似书页，至今见到的仅有三个品种。比较典型的是折成 10 页的那一种，实测长 95 ~ 100 毫米、宽 39 ~ 40 毫米、重量在 35 ~ 40 克之间，样品测试成色为 97.018%。表面略显粗糙，成分复杂，分布有类似铁晶粉的小黑点。显示其年代久远，沉积了多种物质。这种金页的铭文戳打得很有规律，四角对称分别砸上地名，如铁线巷、霸头里角、霸北街西、保佑坊南、清河坊北等，显示铸造该金页的金银铺所在的方位；中间砸有金银铺主或金银匠名，如韩四郎、陈二郎、阮六郎等；下面砸十分金，显示黄金的成色。有的还砸上金银铺固有的押记。

有一种是金箔对折叠压而成，曾在湖州、温州和南海 I 号出土过。实测湖州出土的长 96 毫米、宽 35 毫米、厚 3 毫米，温州出土的长 102 毫米、宽 73 毫米；重量接近，均为 37 ~ 39 克。正面四角边缘砸"霸北街西"等铭文，中间砸"韩四郎十分金"。还有一种尺寸较大，藏于某民间博物馆，有两件，尺寸分别是长 120 毫米、宽 52 毫米，重量分别是 31 和 8 克，铭文是"陈二郎"。

1.　霸头里角韩四郎金页

　　戳记：霸头里角　韩四郎　十分金

　　长 100 毫米、宽 40 毫米

　　40 克

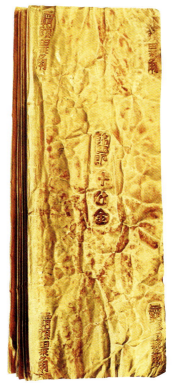

1：1

2.　霸头里角韩四郎金页

　　戳记：霸头里角　韩四郎　十分金

　　长 96 毫米、宽 35 毫米、厚 3 毫米

　　39 克

　　湖州三天门南宋墓出土

1：1

3. 霸头里角韩四郎金页

    戳记：霸头里角 韩四郎 十分金

    长 96 毫米、宽 35 毫米、厚 3 毫米

    39 克

    湖州三天门南宋墓出土

1 : 0.8

4. 韩四郎十分金金页

    戳记：韩四郎 十分金

5. 铁线巷陈二郎金页

    戳记：铁线巷 陈二郎 十分金（押记）

    长 100 毫米、宽 40 毫米

    37.7 克

1 : 0.7

1 : 0.7

6. 铁线巷陈二郎金页

　　戳记：铁线巷　陈二郎　十分金（押记）

　　长 95 毫米、宽 39 毫米

　　38.2 克

1 : 0.7

7. 铁线巷陈二郎金页

　　戳记：铁线巷　陈二郎　十分金（押记）

　　长 100 毫米、宽 39 毫米

　　38.5 克

1 : 0.7

8. 铁线巷陈二郎金页

　　戳记：铁线巷　陈二郎　十分金（押记）

　　长 100 毫米、宽 39 毫米

　　38.5 克

1 : 0.7

9. 陈二郎铁线巷金页

戳记：陈二郎 铁线巷 十分金（押记）

长 99 毫米、宽 37 毫米

37.2 克

1 : 0.7

10. 陈二郎铁线巷金页

戳记：陈二郎 铁线巷 十分金（押记）

长 98 毫米、宽 37 毫米

39 克

1 : 0.7

11. 陈二郎铁线巷金页

戳记：陈二郎 铁线巷 十分金（押记）

长 98 毫米、宽 37 毫米

39 克

1 : 0.7

12. 陈二郎铁线巷一两金页

戳记：陈二郎　铁线巷　十分金（押记）

长 95 毫米、宽 39 毫米

38.2 克

1 : 0.6

13. 陈二郎金页（6 折、2 折）

戳记：陈二郎

长 120 毫米、宽 52 毫米

31.8 克

1 : 0.7

14. 铁线巷陈二郎金页（5 折）

戳记：铁线巷　陈二郎　十分金（押记）

长 100 毫米、宽 35 毫米

17 克

15. 铁线巷陈二郎金页

残

戳记：铁线巷 陈二郎 十分金（押记）

16. 保佑坊南郭顺记金页

戳记：保佑坊南 郭顺记

长 100 毫米、宽 40 毫米

37.3 克

保佑坊南，位于著名酒楼五间楼南部。
《梦粱录》卷七记载："保佑坊曰保佑桥，
五间楼巷东曰亨桥。"

1 : 0.7

17. 保佑坊南郭顺记金页

戳记：保佑坊南 郭顺记

长 100 毫米、宽 40 毫米

36.3 克

1 : 0.7

1 : 0.7

18. 保佑坊南郭顺记金页

戳记：保佑坊南　郭顺记

长 99 毫米、宽 41 毫米

37.2 克

1 : 0.7

19. 保佑坊南郭顺记金页

戳记：保佑坊南　郭顺记

长 99 毫米、宽 39 毫米

36 克

1 : 0.7

20. 保佑坊南郭顺记金页

戳记：保佑坊南　郭顺记

长 99 毫米、宽 39 毫米

38 克

21. 官巷前街许三郎铺金页

戳记：官巷前街 许三郎铺

长 100 毫米、宽 40 毫米

37 克

官巷前街，位于临安御街南段寿安坊。"寿安坊，俗名官巷"，"自五间楼北，至官巷御街南，两行多是上户金银钞引交易铺，仅百余家。"（《梦粱录》卷七）

1 : 0.7

22. 官巷前街许三郎铺金页

戳记：官巷前街 许三郎铺

长 100 毫米、宽 39 毫米

38 克

1 : 0.7

23. 官巷前街许三郎铺金页

戳记：官巷前街 许三郎铺

长 99 毫米、宽 39 毫米

36 克

1 : 0.7

24. 清河坊西阮六郎铺金页

戳记：清河坊西　阮六郎铺

长 100 毫米、宽 40 毫米

35.1 克

清河坊北，南宋大将清河郡王张俊居此而得名。相当于现在的中山中路相接的河坊街西段及东太平巷一带，"清河坊"地名至今仍在沿用。

1 : 0.7

25. 清河坊西阮六郎铺金页

戳记：清河坊西　阮六郎铺

长 99 毫米、宽 40 毫米

37 克

1 : 0.7

26. 清河坊西阮六郎铺金页

戳记：清河坊西　阮六郎铺

长 100 毫米、宽 40 毫米。

36.8 克

1 : 0.7

27. 清河坊西阮六郎铺金页

戳记：清河坊西 阮六郎铺

长 97 毫米、宽 39 毫米

38 克

28. 清河坊西阮六郎铺金页

戳记：清河坊西 阮六郎铺

长 97 毫米、宽 39 毫米

38 克

1 : 0.7

29. 市西坊北高直铺金页

戳记：市西坊北 高直铺

长 101 毫米、宽 40 毫米

37 克

市西坊，又称坝西巷。因在旧市之西，故名。西河流经坊西，有桥三座，又称三桥街。是临安店铺最密集的闹市区，名店林立。

1 : 0.7

1 : 0.7

30. 市西坊北高直铺金页

戳记：市西坊北　高直铺

长 100 毫米、宽 40 毫米

36.5 克

1 : 0.7

31. 市西坊北高直铺金页

戳记：市西坊北　高直铺

长 99 毫米、宽 39 毫米

37 克

1 : 0.7

32. 市西坊北高直铺金页

戳记：市西坊北　高直铺

长 101 毫米、宽 40 毫米

37 克

1 : 0.7

33. 市西坊北高直铺金页

戳记：市西坊北　高直铺

长 100 毫米、宽 39 毫米

37 克

1 : 0.7

34. 天水桥东周五郎铺金页

戳记：天水桥东　周五郎铺

长 101 毫米、宽 41 毫米

37 克

天水桥，位于临安城北（今中山北路），是市河上的一座桥。

1 : 0.7

35. 天水桥东周五郎铺金页

戳记：天水桥东　周五郎铺

长 97 毫米、宽 38 毫米

36 克

1 : 0.7

36. 天水桥东周五郎铺金页
　　戳记：天水桥东　周五郎铺
　　长 100 毫米、宽 39 毫米
　　38 克

1 : 0.7

37. 天水桥东周五郎铺金页
　　戳记：天水桥西　周五郎铺
　　长 100 毫米、宽 40 毫米
　　37.4 克

38. 天水桥东周五郎铺金页
　　戳记：天水桥东　周五郎铺
　　长 97 毫米、宽 38 毫米
　　36 克

1 : 0.7

39. 霸南街东王助教金页
　　戳记：霸南街东　王助教（押记）
　　长 98 毫米、宽 33 毫米、厚 4 毫米
　　39.11 克
　　2014 年南海 I 号沉船出水。

　　霸南街东，从方位上看，霸南街东在
市南坊东面的贤福坊，著名酒楼——五间
楼附近。

1 : 0.7

第二部分

白银货币

一、京销银铤、铺匠名和地名

南宋时，白银货币被铸造成圆首束腰的形状，称之为铤。南宋金银货币中，特别是京城临安金银交引铺铸造的金银货币上大多都砸有各种戳记。内容主要有"京销铤银"或"京销银"、重量、金银铺名、金银铺主人或金银匠名，还有相伴的临安及外地街巷名或街区方位名，有些戳记临安地名的银铤上，加刻两行字：一边"某某京销"或"某某银"，一边"谢德明验"。这表明有些银铤在使用过程中有对其重量和成色重新检验的程序，这些信息是相当重要的研究资料。

（一）京销铤银

"京销铤银""京销银"是南宋银铤中最为常见的铭文，意思是京城金银交引铺销铸的铤状白银。胡三省《通鉴释文辨误》载："今人治银，大铤伍拾两，中铤半之，小铤又半之，世谓之铤银。"此外，还有"京销渗银""京销细渗""京销正渗"等戳记，渗银、细渗、正渗都是指白银的成色。据元《居家必用事类全集》戊集《银》记载渗银有多种："真花细渗分数高，纸被心低四角凹，好弱幽微说不尽，论中不错半分毫。金漆花银一百分足，浓调花银九十九分九厘，茶花银九十九分八厘，大胡花银九十九分七厘，薄花银九十九分六厘，薄花细渗九十九分五厘，纸灰花银九十九分四厘，细渗银九十九分三厘，麄渗银九十九分一厘，断渗银九十八分五厘，无渗银九十七分五厘。"[1]换成今天的说法，就是细渗银含量99.3%，麄渗银99.2%，断渗银98.5%，无渗银97.5%。银铤的重量，有重伍拾两、重贰拾伍两、重拾贰两半等戳记。实测伍拾两重1800～2000克，贰拾伍两为900～960克，拾贰两半为400～500克。

1. 京销铤银拾贰两半银铤

戳记：京销铤银

长88毫米、首宽60毫米、

腰宽41毫米、厚13毫米

495克

---

1 《居家必用事类备要全集》戊集《银》。

2. 京销铤银拾贰两半银铤

　　戳记：京销铤银

　　长 88 毫米、首宽 63 毫米、

　　腰宽 42 毫米、厚 12 毫米

　　496 克

3. 京销铤银拾贰两半银铤

　　戳记：京销铤银

　　长 88 毫米、首宽 60 毫米、

　　腰宽 41 毫米、厚 14 毫米

　　495 克

4. 京销铤银拾贰两半银铤

　　戳记：京销铤银

　　长 91 毫米、首宽 66 毫米、

　　腰宽 42 毫米、厚 13 毫米

　　498 克

5. 京销铤银拾贰两半银铤
　　戳记：京销铤银
　　长 91 毫米、首宽 62 毫米、
　　腰宽 41 毫米、厚 13 毫米
　　476 克

6. 京销铤银拾贰两半银铤
　　戳记：京销铤银
　　长 91 毫米、首宽 63 毫米、
　　腰宽 42 毫米、厚 14 毫米
　　499 克

7. 京销铤银拾贰两半银铤
　　戳记：京销铤银
　　长 91 毫米、首宽 64 毫米、
　　腰宽 42 毫米、厚 13 毫米
　　499 克

8. 京销铤银拾贰两半银铤
戳记：京销铤银
长 91 毫米、首宽 64 毫米、
腰宽 42 毫米、厚 14 毫米
501 克

9. 京销铤银拾贰两半银铤
戳记：京销铤银
长 91 毫米、首宽 64 毫米、
腰宽 42 毫米、厚 13 毫米
494 克

10. 京销铤银拾贰两半银铤
戳记：京销铤银
长 88 毫米、首宽 62 毫米、
腰宽 41 毫米、厚 13 毫米
495 克

11. 京销铤银拾贰两半银铤

　　戳记：京销铤银

　　长 92 毫米、首宽 62 毫米、

　　腰宽 42 毫米、厚 12 毫米

　　472 克

12. 京销铤银拾贰两半银铤

　　戳记：京销铤银

　　长 91 毫米、首宽 61 毫米、

　　腰宽 41 毫米、厚 12 毫米

　　494 克

13. 京销铤银拾贰两半银铤

　　戳记：京销铤银

　　长 91 毫米、首宽 61 毫米、

　　腰宽 41 毫米、厚 12 毫米

　　477 克

14. 京销铤银拾贰两半银铤
　　戳记：京销铤银
　　长 92 毫米、首宽 63 毫米、
　　腰宽 41 毫米、厚 13 毫米
　　497 克

15. 京销铤银拾贰两半银铤
　　戳记：京销铤银
　　长 91 毫米、首宽 63 毫米、
　　腰宽 41 毫米、厚 13 毫米
　　498 克

16. 京销铤银拾贰两半银铤
　　戳记：京销铤银
　　长 90 毫米、首宽 63 毫米、
　　腰宽 41 毫米、厚 14 毫米
　　498 克

17. 京销铤银拾贰两半银铤
　　戳记：京销铤银
　　长 90 毫米、首宽 64 毫米、
　　腰宽 41 毫米、厚 12 毫米
　　495 克

18. 京销铤银拾贰两半银铤
　　戳记：京销铤银
　　长 90 毫米、首宽 63 毫米、
　　腰宽 41 毫米、厚 13 毫米
　　495 克

19. 京销铤银拾贰两半银铤
　　戳记：京销铤银
　　长 90 毫米、首宽 64 毫米、
　　腰宽 41 毫米、厚 14 毫米
　　503 克

20. 京销铤银拾贰两半银铤

　　戳记：京销铤银

　　长 86 毫米、首宽 61 毫米、

　　腰宽 40 毫米、厚 14 毫米

　　495 克

21. 京销铤银拾贰两半银铤

　　戳记：京销铤银

　　长 91 毫米、首宽 61 毫米、

　　腰宽 40 毫米、厚 12 毫米

　　498 克

1 : 1

22. 京销铤银拾贰两半银铤

　　戳记：京销铤银

　　长 71 毫米、首宽 50 毫米、

　　宽 30 毫米、厚 14 毫米

　　302.30 克

1 : 1

23. 京销铤银拾贰两银铤

截记：京销铤银

长 86 毫米、首宽 59 毫米、

腰宽 41 毫米、厚 12 毫米

459 克

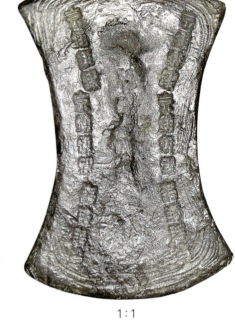

1：1

24. 京销铤银拾贰两银铤

截记：京销铤银

长 86 毫米、首宽 59 毫米、

腰宽 41 毫米、厚 12 毫米

459 克

1：1

25. 京销铤银拾贰两半银铤

截记：京销铤银　苏宅韩五郎

长 89 毫米、首宽 59 毫米、

腰宽 40 毫米、厚 11 毫米

445 克

1：1

26. 京销铤银拾贰两银铤

戳记：京销铤银

长 88 毫米、首宽 60 毫米、
腰宽 39 毫米、厚 12 毫米

457.8 克

1：0.8

27. 京销铤银拾贰两银铤

戳记：京销铤银

长 88 毫米、首宽 60 毫米、
腰宽 39 毫米、厚 12 毫米

457.8 克

1：0.8

28. 京销铤银拾贰两银铤

戳记：京销铤银

长 88 毫米、首宽 60 毫米、
腰宽 39 毫米、厚 12 毫米

457.8 克

1：0.8

29. 京销铤银拾贰两银铤

戳记：京销铤银

长 88 毫米、首宽 60 毫米、
腰宽 39 毫米、厚 12 毫米

457.8 克

1：0.8

30. 京销铤银拾贰两银铤

　　戳记：京销铤银
　　长 88 毫米、首宽 60 毫米、
　　腰宽 39 毫米、厚 12 毫米
　　457.8 克

1 : 1

31. 京销铤银拾贰两银铤

　　戳记：京销铤银
　　长 88 毫米、首宽 60 毫米、
　　腰宽 39 毫米、厚 12 毫米
　　457.8 克

1 : 1

32. 京销铤银拾贰两银铤

　　戳记：京销铤银
　　长 88 毫米、首宽 60 毫米、
　　腰宽 39 毫米、厚 12 毫米
　　457.8 克

1 : 1

33. 京销铤银拾贰两银铤

截记：京销铤银
长 88 毫米、首宽 60 毫米、
腰宽 39 毫米、厚 12 毫米
457.8 克

1：0.9

34. 京销铤银拾贰两银铤

截记：京销铤银
长 88 毫米、首宽 60 毫米、
腰宽 39 毫米、厚 12 毫米
457.8 克

1：0.9

35. 京销铤银贰拾伍两银铤

截记：京销铤银
长 112 毫米、首宽 74 毫米、
腰宽 49 毫米、厚 16 毫米
946 克

1：0.9

36. 京销银拾贰两半银铤

戳记：京销银

长 87 毫米、首宽 59 毫米、
腰宽 39 毫米、厚 11 毫米

445 克

1：0.7

37. 京销银贰拾伍两银铤

戳记：京销银 重贰拾伍两
陈葫芦印

长 112 毫米、首宽 74 毫米、
腰宽 50 毫米、厚 16 毫米

938 克

38. 京销铤银贰拾伍两银铤

戳记：京销铤银 贰拾伍两

长 114 毫米、首宽 74 毫米、
腰宽 49 毫米、厚 16 毫米

961 克

1：0.8

39. 京销渗银五十两银铤

戳记：京销渗银 东陆铺匠

长 136 毫米、首宽 90 毫米、
腰宽 56 毫米、厚 24 毫米

1938 克

1：0.7

（二）载有铺匠名的京销铤银

银铤上的某某铺和某某宅等戳记是金银铺名。是用金银铺的主人的姓氏或姓名命名的。主要有"赵铺""朱铺""陈铺""沈铺""林铺""丁铺""顾铺""苏宅""韩宅""吴宅""赵宅""聂宅""王宅""孙宅""陆宅""丁三郎铺""聂二郎铺""程二郎铺""徐赵铺""陈曹宅""孙武宅""赵王家""陈李宅""左郜宅""屠林铺""赵孙宅"等。银铤上的"陈二郎""韩四郎"等戳记通常显示的是金银铺主人名或金银匠名。常见有"张二郎""相五郎""倪六郎""王二郎""韩二郎""夏四郎""梁一郎""李六郎""姚七郎""刘五郎""吴二郎""丁三郎""张百一郎""王六郎"等多种。

1:1

1:1

1:1

1. 京销铤银荣一郎拾贰两半银铤

戳记：京销铤银　荣一郎
长 86 毫米、首宽 58 毫米、
宽 40 毫米、厚 13 毫米
440.18 克

2. 京销铤银赵宅渗银拾贰两半银铤

戳记：京销铤银　赵宅渗银
重壹拾贰两半
长 91 毫米、首宽 58 毫米、
宽 40 毫米、厚 13 毫米
466.98 克

3. 京销铤银赵宅渗银拾贰两银铤

戳记：京销铤银　赵宅渗银
重壹拾贰两半
长 89 毫米、首宽 59 毫米、
腰宽 40 毫米、厚 11 毫米
445 克

1:1

4. 京销铤银苏宅韩五郎拾贰两半银铤

　　戳记：京销铤银 苏宅韩五郎

　　长 88 毫米、首宽 61 毫米、

　　腰宽 42 毫米、厚 14 毫米

　　459.8 克

1:1

5. 京销铤银真渗铤银拾贰两半银铤

　　戳记：京销铤银 真渗铤银 曾平记

　　长 88 毫米、首宽 58 毫米、

　　宽 40 毫米、厚 14 毫米

　　460 克

6. 京销花银倪六郎拾贰两半银铤

　　戳记：京销花银 倪六郎

　　长 87 毫米、首宽 58 毫米、

　　腰宽 38 毫米、厚 10 毫米

　　436 克

1:1

7. **京销正渗林铺铤银拾贰两银铤**

　　戳记：京销正渗　林铺铤银　重拾贰两

　　长 87 毫米、首宽 59 毫米、腰宽 39 毫米、

　　厚 11 毫米

　　445 克

1:1

8. **京销渗银林宅拾贰两半银铤**

　　戳记：京销渗银　林宅

　　长 89 毫米、首宽 57 毫米、

　　腰宽 38 毫米、厚 11 毫米

　　448 克

1:1

9. **京销铤银刘五郎铺贰拾伍两银铤**

　　戳记：京销铤银　刘五郎铺

　　重贰拾伍两

　　长 112 毫米、首宽 76 毫米、

　　腰宽 50 毫米、厚 15 毫米

　　939 克

1 : 0.75

10. 京销铤银刘五郎铺贰拾伍两银铤

戳记：京销铤银 刘五郎铺 重贰拾伍两

长 114 毫米、首宽 77 毫米、

腰宽 51 毫米、厚 18 毫米

929.3 克

11. 京销铤银刘三郎铺拾贰两半银铤

戳记：京销铤银 刘三郎铺

重拾贰两半

长 87 毫米、首宽 58 毫米、

腰宽 40 毫米、厚 12 毫米

430 克

1 : 0.9

12. 京销铤银刘三郎铺拾贰两半银铤

戳记：京销铤银 刘三郎铺 重拾贰两半

长 86 毫米、首宽 58 毫米、

腰宽 41 毫米、厚 12 毫米

445.8 克

1 : 0.9

1 : 0.8

13. 京销铤银刘三郎铺贰拾伍两银铤

　　戳记：京销铤银　刘三郎铺　重贰拾伍两

　　长 110 毫米、首宽 74 毫米、

　　腰宽 47 毫米、厚 16 毫米

　　926.6 克

1 : 0.8

14. 京销铤银刘三郎贰拾伍两银铤

　　戳记：京销铤银　刘三郎铺

　　重贰拾伍两

　　长 114 毫米、首宽 77 毫米、

　　腰宽 47 毫米、厚 15 毫米

　　974 克

15. 京销铤银刘三郎铺贰拾伍两银铤

　　戳记：京销铤银　刘三郎铺　重贰拾伍两

　　长 108 毫米、首宽 75 毫米、

　　腰宽 46 毫米、厚 15 毫米

　　928.93 克

1 : 0.8

16. 京销铤银刘三郎铺贰拾伍两银铤

    戳记：京销铤银 刘三郎铺 重贰拾伍两

    长 109 毫米、首宽 72 毫米、

    腰宽 45 毫米、厚 15 毫米

    923.44 克

1 : 0.7

17. 京销铤银刘三郎铺贰拾伍两银铤

    戳记：京销铤银 刘三郎铺 重贰拾伍两

    长 108 毫米、首宽 75 毫米、

    腰宽 49 毫米、厚 17 毫米

    930.13 克

1 : 0.7

18. 京销铤银刘五郎铺贰拾伍两银铤

    戳记：京销铤银 刘五郎铺 重贰拾伍两

    长 112 毫米、首宽 74 毫米、

    腰宽 50 毫米、厚 17 毫米

    937.47 克

1 : 0.75

19. 京销铤银雍念三郎贰拾伍两银铤

　　戳记：京销铤银　雍念三郎
　　长 108 毫米、首宽 69 毫米、
　　腰宽 47 毫米、厚 14 毫米
　　869.95 克

1 : 0.7

20. 京销铤银雍念三郎贰拾伍两银铤

　　戳记：京销铤银　雍念三郎
　　长 111 毫米、首宽 69 毫米、
　　腰宽 48 毫米、厚 15 毫米
　　940.61 克

1 : 0.7

21. 京销铤银苏宅韩五郎拾贰两半银铤

　　戳记：京销铤银　苏宅韩五郎　重壹拾贰两半
　　魏□验
　　刻字：□栋□□
　　长 88 毫米、首宽 60 毫米、
　　腰宽 39 毫米、厚 12 毫米
　　457.8 克

1 : 0.8

1 : 0.8

22. 京销铤银苏宅韩五郎拾贰两半银铤

戳记：京销铤银 苏宅韩五郎 重拾贰两半
长 87 毫米、首宽 60 毫米、
腰宽 42 毫米、厚 12 毫米
437.8 克

23. 京销铤银苏宅韩五郎贰拾伍两银铤

戳记：京销铤银 苏宅韩五郎
长 111 毫米、首宽 71 毫米、
腰宽 48 毫米、厚 15 毫米
881.6 克

1 : 0.8

24. 京销铤银苏宅韩五郎贰拾伍两银铤

戳记：京销铤银 苏宅韩五郎
长 111 毫米、首宽 73 毫米、
腰宽 49 毫米、厚 15 毫米
877.82 克

1 : 0.8

1 : 0.75

25. 京销铤银苏宅韩五郎贰拾伍两银铤

截记：京销铤银 苏宅韩五郎

长 111 毫米、首宽 71 毫米、

腰宽 48 毫米、厚 14 毫米

881.03 克

1 : 0.7

26. 京销铤银苏宅韩五郎贰拾伍两银铤

截记：京销铤银 苏宅韩五郎

长 119 毫米、首宽 72 毫米、

腰宽 50 毫米、厚 16 毫米

952 克

1 : 0.8

27. 京销铤银苏宅韩五郎拾贰两半银铤

截记：京销铤银 苏宅韩五郎

长 87 毫米、首宽 59 毫米、

腰宽 39 毫米、厚 11 毫米

445 克

1 : 0.7

28. 京销铤银贰拾伍两银铤

戳记：京销铤银

长 115 毫米、首宽 74 毫米、

腰宽 47 毫米、厚 16 毫米

956.6 克

1 : 0.7

29. 京销铤银赵宅贰拾伍两银铤

戳记：京销铤银 赵宅

长 109 毫米、首宽 69 毫米、

腰宽 46 毫米、厚 16 毫米

926.08 克

1 : 0.7

30. 京销铤银陈二郎贰拾伍两银铤

戳记：京销铤银 陈二郎 重贰拾伍两

长 111 毫米、首宽 71 毫米、

腰宽 45 毫米、厚 15 毫米

930.41 克

1 : 0.7

31. 京销铤银陈二郎贰拾伍两银铤

截记：京销铤银　陈二郎　重贰拾伍两
长 112 毫米、首宽 77 毫米、
腰宽 48 毫米、厚 16 毫米
976 克

1 : 0.7

32. 京销铤银陈二郎贰拾伍两银铤

截记：京销铤银　陈二郎　重贰拾伍两
长 112 毫米、首宽 78 毫米、
腰宽 48 毫米、厚 16 毫米
980 克

33. 京销银郑铺拾贰两银铤

截记：京销银　郑铺　重拾贰两
长 87 毫米、首宽 60 毫米、
腰宽 42 毫米、厚 12 毫米
437.8 克

1 : 0.8

34. 京销铤银郑铺拾贰两半银铤

    戳记：京销铤银 郑铺 重壹拾贰两
半 黄俊验（押记）
刻字：潮通囗
长 86 毫米、首宽 57 毫米、
腰宽 42 毫米、厚 13 毫米
435.03 克

1：1

35. 细渗铤银三山郑五郎贰拾伍两银铤

    戳记：细渗铤银 三山郑五郎（押记）
重贰拾伍两
长 107 毫米、首宽 62 毫米、
腰宽 51 毫米、厚 14 毫米
814 克

36. 京销铤银吴宅贰拾伍两银铤

    戳记：京销铤银 吴宅 吴震验讫
长 110 毫米、首宽 70 毫米、
腰宽 50 毫米、厚 15 毫米
954 克

1：0.8

37. 京销银铤赵宅渗银拾贰两银铤

戳记：京销银铤　赵宅渗银　重壹拾
贰两半　黄（押记）
刻字：张辛
长 89 毫米、首宽 59 毫米、
腰宽 40 毫米、厚 11 毫米
445 克

1 : 0.9

38. 京销铤银祝六郎拾贰两半银铤

戳记：京销铤银　祝六郎
长 89 毫米、首宽 59 毫米、
腰宽 40 毫米、厚 11 毫米
445 克

1 : 0.9

39. 京销铤银拾贰两半银铤

戳记：京销铤银　□□王二郎　沈执
中　邢文□　贾寔　京销　重拾贰两半
长 89 毫米、首宽 61 毫米、
腰宽 42 毫米、厚 13 毫米
466.1 克

1 : 0.9

40. 京销铤银陈李宅拾贰两半银铤

    戳记：京销铤银 重拾贰两半 陈李宅

    长 91 毫米、首宽 60 毫米、

    腰宽 40 毫米、厚 11 毫米

    471 克

1：0.9

41. 京销铤银拾贰两半银铤

    戳记：京销铤银 京销 沈执中

    贾寔

    刻字：□□迪功□□

    长 89 毫米、首宽 59 毫米、

    腰宽 40 毫米、厚 11 毫米

    445 克

1：0.9

42. 京销铤银贺元宅拾贰两半银铤

    戳记：京销铤银 重拾贰两半

    贺元宅 黄俊验

    刻字：潮通□

    长 85 毫米、首宽 57 毫米、

    腰宽 41 毫米、厚 12 毫米

    434.4 克

1：0.9

43. 京销铤银左邽宅拾贰两银铤

　　戳记：京销铤银　左邽宅　壹拾贰两半

　　长 88 毫米、首宽 60 毫米、

　　腰宽 39 毫米、厚 12 毫米

　　457.8 克

1 : 0.9

44. 京销铤银左邽宅拾贰两半银铤

　　戳记：京销铤银　吴宅　吴震验讫

　　长 110 毫米、首宽 70 毫米、

　　腰宽 50 毫米、厚 15 毫米

　　954 克

1 : 0.85

45. 京销铤银左邽宅拾贰两半银铤

　　戳记：京销铤银　左邽宅　壹拾贰两半

　　长 88 毫米、首宽 60 毫米、

　　腰宽 39 毫米、厚 12 毫米

　　457.8 克

1 : 0.9

46. 京销银王六郎拾贰两半银铤

   戳记：京销银　王六郎

   刻字：陈槐　□□银

   长 89 毫米、首宽 59 毫米、

   腰宽 40 毫米、厚 12 毫米

   452.6 克

1 : 0.9

47. 京销渗银韩五郎拾贰两半银铤

   戳记：京销渗银　韩五郎

   长 88 毫米、首宽 58 毫米、

   腰宽 37 毫米、厚 12 毫米

   445.2 克

1 : 0.9

48. 京销银陈三郎拾贰两半银铤

   戳记：京销银　陈叁郎

   刻字：康安银

   长 87 毫米、首宽 59 毫米、

   腰宽 39 毫米、厚 11 毫米

   445 克

1 : 0.9

1 : 0.8

49. 京销铤银张三郎拾贰两半银铤

　　戳记：京销铤银　张三郎

　　长 90 毫米、首宽 60 毫米、

　　腰宽 40 毫米、厚 12 毫米

　　443 克

1 : 0.8

50. 京销铤银贰拾伍两银铤

　　戳记：京销铤银　重贰拾伍两

　　林三郎

　　长 113 毫米、首宽 76 毫米、

　　腰宽 47 毫米、厚 16 毫米

　　931.1 克

1 : 0.8

51. 京销铤银韩宅贰拾伍两银铤

　　戳记：京销铤银　韩宅

　　长 110 毫米、首宽 70 毫米、

　　腰宽 47 毫米、厚 17 毫米

　　940 克

52. 京销铤银戴铺贰拾伍两银铤

戳记：京销铤银 戴铺 重贰拾伍两

长 112 毫米、 首宽 72 毫米、
腰宽 49 毫米、厚 15 毫米
925.4 克

1:0.8

53. 京销铤银吴宅拾贰两银铤

戳记：京销铤银 吴宅 京销 贾寔
盛濂 沈执中

刻字：惠州 刘从议银

长 87.47 毫米、首宽 55.5 毫米、
腰宽 36 毫米、厚 12.6 毫米
450.2 克

1:0.9

54. 京销银铤苏宅韩五郎拾贰两半银铤

戳记：京销铤银 苏宅韩五郎

长 88.4 毫米、首宽 59.7 毫米、
腰宽 43 毫米、厚 14 毫米
461 克

1:1

1:0.9

55. 京销铤银拾贰两半银铤

戳记：京销铤银

长 91 毫米、首宽 62 毫米、
腰宽 40.5 毫米、厚 12.5 毫米
522 克

56. 京销银铤拾贰两半银铤

戳记：京销银铤

长 90.5 毫米、首宽 62 毫米、
腰宽 41 毫米、厚 14 毫米
491 克

1:0.9

57. 京销铤银金铺拾贰半银铤

戳记：京销铤银 金铺 重壹拾贰两半

长 92 毫米、首宽 61 毫米、
宽 42 毫米、厚 13.5 毫米
474 克

1:0.9

58. 京销铤银拾贰两半银铤

戳记：京销铤银

长 90 毫米、首宽 62 毫米、
腰宽 41 毫米、厚 13.5 毫米

488 克

1 : 0.9

59. 京销铤银拾贰两半银铤

戳记：京销铤银 看验讫

长 89.5 毫米、首宽 61 毫米、
腰宽 40.5 毫米、厚 12.5 毫米

484 克

1 : 0.9

60. 京销铤银拾贰两半银铤

戳记：京销铤银 拾贰两半

刻字：□□

长 89 毫米、首宽 60 毫米、
腰宽 40 毫米、厚 13 毫米

464 克

1 : 0.9

61. 京销铤银左郜宅拾贰两半银铤

　　戳记：京销铤银　左郜宅　重拾贰两半

　　长 88 毫米、首宽 59 毫米、

　　腰宽 40 毫米、厚 13 毫米

　　478 克

1 : 1

62. 京销铤银赵孙宅拾贰两半银铤

　　戳记：京销铤银　赵孙宅（押记）　王直记

　　□王记

　　长 88 毫米、首宽 60 毫米、

　　腰宽 40 毫米、厚 13 毫米

　　476 克

1 : 1

（三）载有地名的京销铤银

与之相伴的还有临安的街巷名、桥名和街区方位名的戳记，显示该金银铺的坐落处。目前发现有"霸北街西""霸北街东""霸南街西""霸南街东""霸东街南""霸西""霸北""霸西""市西""铁线巷""柴木巷""水巷里角""猫儿桥东""跨浦桥北""朝天门里""清河坊北""都税务前""霸头里角""街东桥西""街东面西""荐桥北街东"等地名。

1. 霸南街西张宅梁一郎贰拾伍两银铤

戳记：霸南街西 张宅梁一郎 重贰拾伍两
刻字：谭信
长 111 毫米、首宽 81 毫米、
腰宽 50 毫米、厚 16 毫米
931.8 克

霸南街西，即市南坊。南宋定都以前，杭州有一个"市"，是州城的贸易市场，在平津桥西巷一带，该坊在市的南边，故名。传说苏轼在杭州当知州时，在此设病坊（医院）。南宋时又在此设惠民北局，专售医药。

1 : 0.7

2. 霸南街西张宅梁一郎贰拾伍两银铤

戳记：霸南街西 张宅梁一郎 贰拾伍两
长 115 毫米、首宽 82 毫米、
腰宽 51 毫米、厚 15 毫米
938 克

3. 霸南街西京销铤银拾贰两半银铤

戳记：京销铤银 霸南街西 相五郎（押记）
长 91 毫米、首宽 63 毫米、
腰宽 40 毫米、厚 13 毫米
460.1 克

1 : 0.7

1 : 0.8

4. **霸南街西相五郎拾贰两银铤**

戳记：霸南街西 相五郎（押记） 重壹拾
贰两半

长 89 毫米、首宽 59 毫米、
腰宽 38 毫米、厚 12 毫米

417 克

1 : 0.85

5. **霸南街西相五郎拾贰两半银铤**

戳记：霸南街西 相五郎（押记） 重壹拾
贰两半

长 毫米、首宽 59 毫米、
腰宽 40 毫米、厚 13 毫米

455 克

1 : 0.85

6. **霸南街西相五郎拾贰两银铤**

戳记：霸南街西 相五郎（押记） 重壹拾
贰两半

长 88 毫米、首宽 58 毫米、
腰宽 38 毫米、厚 11 毫米

455 克

1 : 0.85

7. **霸南街西相五郎拾贰两银铤**

　　戳记：霸南街西　相五郎（押记）
　　重壹拾贰两半
　　长 89 毫米、首宽 59 毫米、
　　腰宽 38 毫米、厚 12 毫米
　　417 克

1:1

8. **霸南街西相五郎拾贰两半银铤**

　　戳记：霸南街西　相五郎（押记）
　　黄俊验讫　重拾贰两半　广东□□
　　长 88 毫米、首宽 60 毫米、
　　腰宽 38 毫米、厚 12 毫米
　　466.3 克

1:1

9. **霸南街西相五郎拾贰两半银铤**

　　戳记：霸南街西　相五郎（押记）
　　长 89 毫米、首宽 59 毫米、
　　腰宽 38 毫米、厚 12 毫米
　　417 克

1:1

10.　霸南街西相五郎拾贰两半银铤

　　戳记：霸南街西　相五郎（押记）

　　重壹拾贰两半

　　长 89 毫米、首宽 59 毫米、

　　腰宽 38 毫米、厚 12 毫米

　　417 克

1:1

11.　霸南街西相五郎拾贰两半银铤

　　戳记：霸南街西　相五郎（押记）

　　重壹拾贰两半

　　长 92 毫米、首宽 63 毫米、

　　腰宽 41 毫米、厚 11 毫米

　　466.5 克

1:1

12.　霸南街西韦宅拾贰两半银铤

　　戳记：霸南街西　韦宅　重壹拾贰两半

　　长 87 毫米、首宽 57 毫米、

　　腰宽 36 毫米、厚 12 毫米

　　464.7 克

1:1

13. 霸南街东桂二郎贰拾伍两银铤

戳记：霸南街东 桂二郎 重贰拾伍两

长 91 毫米、首宽 76 毫米、

宽 49.5 毫米、厚 17 毫米

934 克

霸南街东，从方位上看，霸南街东在市南
坊东面的贤福坊，著名酒楼——五间楼，就在
附近。

1 : 0.8

14. 霸南街东杭四二郎贰拾伍两银铤

戳记：霸南街东 杭四二郎 重贰拾
伍两

长 115 毫米、首宽 76 毫米、

腰宽 53 毫米、厚 17 毫米

967.8 克

2014 年南海 I 号沉船出水。

1 : 0.8

15. 霸东街南姚七郎贰拾伍两银铤

戳记：霸东街南 姚七郎 重贰拾伍两

长 110 毫米、首宽 77 毫米、

腰宽 49 毫米、厚 17 毫米

930 克

霸东街南，位于贤福坊，位于御街东，和
市西坊相对，俗称坝东巷；因坊前有猫儿桥
（平津桥），又称猫儿桥巷。

1 : 0.8

16. 霸东街南姚七郎贰拾伍两银铤

戳记：霸东街南 姚七郎 重贰拾伍两

长 109 毫米、首宽 75 毫米、

腰宽 49 毫米、厚 17 毫米

944 克

1:1

17. 霸东街南姚七郎贰拾伍两银铤

戳记：霸东街南 姚七郎 重贰拾伍两

吕一郎

长 109 毫米、首宽 78 毫米、

腰宽 49 毫米、厚 18 毫米

930.7 克

1:1

18. 霸东街南姚七郎贰拾伍两银铤

戳记：霸东街南 姚七郎 重贰拾伍两
长 109 毫米、首宽 75 毫米、
腰宽 50 毫米、厚 17 毫米
936.7 克

1：1

19. 霸东街南姚七郎贰拾伍两银铤

戳记：霸东街南 姚七郎 重贰拾伍两
长 108 毫米、首宽 74 毫米、
腰宽 47 毫米、厚 18 毫米
933.06 克

1：1

1:1

20. 霸东街南姚七郎贰拾伍两银铤

　　戳记：霸东街南　姚七郎　重贰拾伍两

　　长 108 毫米、首宽 72 毫米、

　　腰宽 50 毫米、厚 16 毫米

　　935.91 克

1:1

21. 霸东街南姚七郎贰拾伍两银铤

　　戳记：霸东街南　姚七郎　重贰拾伍两

　　吕一郎

　　长 108 毫米、首宽 75 毫米、

　　腰宽 49 毫米、厚 17 毫米

　　934.07 克

1 : 1

22. 霸东街南姚七郎贰拾伍两银铤

戳记：霸东街南　姚七郎　重贰拾伍两

长 108 毫米、首宽 73 毫米、

腰宽 48 毫米、厚 16 毫米

934.18 克

1 : 1

23. 霸东街南姚七郎贰拾伍两银铤

戳记：霸东街南　姚七郎　重贰拾伍两

长 110 毫米、首宽 73 毫米、

腰宽 49 毫米、厚 16 毫米

932.22 克

24. 霸东街南姚七郎贰拾伍两银铤

戳记：霸东街南　姚七郎　重贰拾伍两

长 109 毫米、首宽 75 毫米、

腰宽 50 毫米、厚 17 毫米

936.7 克

1：0.75

25. 霸东街南姚七郎贰拾伍两银铤

戳记：霸东街南　姚七郎　重贰拾伍两

长 109 毫米、首宽 74 毫米、

腰宽 49 毫米、厚 15 毫米

936 克

1：0.75

26. 霸东街南姚七郎贰拾伍两银铤

戳记：霸东街南　姚七郎　重贰拾伍两

长 109 毫米、首宽 75 毫米、

腰宽 50 毫米、厚 17 毫米

936.7 克

1：0.75

1 : 0.75

27. 霸东街南姚七郎贰拾伍两银铤

戳记：霸东街南 姚七郎

重贰拾伍两 吕一郎

长 109 毫米、首宽 75 毫米、

腰宽 50 毫米、厚 17 毫米

936.7 克

28. 霸东街南姚七郎贰拾伍两银铤

戳记：霸东街南 姚七郎

重贰拾伍两 吕一郎

长 109 毫米、首宽 75 毫米、

腰宽 50 毫米、厚 17 毫米

936.7 克

1 : 0.75

29. 霸北街西张宅梁一郎贰拾伍两银铤

戳记：霸北街西 张宅梁一郎 重贰拾伍两

吴震验讫

刻字：谭信

长 114 毫米、首宽 75 毫米、

腰宽 50 毫米、厚 16 毫米

947.68 克

霸北街西，意思是霸头的北面，御街的西
面。大致的方位在修义坊内。修义坊在市西坊北，
西通将军桥，俗称菱椒巷，是南宋临安府肉市所
在地，有肉市巷之名。

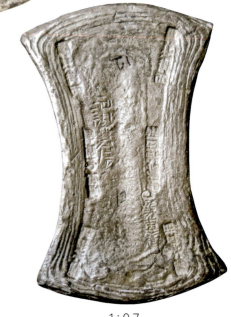

1 : 0.7

30. 霸北街西京销铤银贰拾伍两银铤
  戳记：京销铤银 霸北街西 韩宅
  长 110 毫米、首宽 70 毫米、
  腰宽 46 毫米、厚 16 毫米
  919.03 克

1 : 0.75

31. 霸北街西韩宅贰拾伍两银铤
  戳记：霸北街西 韩宅 京销铤银
  长 110 毫米、首宽 70 毫米、
  腰宽 46 毫米、厚 15 毫米
  926.75 克

1 : 0.75

32. 霸北街西京销铤银贰拾伍两银铤
  戳记：霸北街西 京销铤银 韩宅
  长 110 毫米、首宽 70 毫米、
  腰宽 48 毫米、厚 17 毫米
  940 克

1 : 0.75

33. 霸北街西京销铤银贰拾伍两银铤

戳记：霸北街西 京销铤银 韩宅

长 110 毫米、首宽 73 毫米、
腰宽 48 毫米、厚 16 毫米
962 克

1 : 0.75

34. 霸北街西苏宅韩五郎贰拾伍两银铤

戳记：霸北街西 苏宅韩五郎 重贰拾
伍两

长 109 毫米、首宽 72 毫米、
宽 48 毫米、厚 16.5 毫米
921 克

1 : 0.75

35. 霸北街西苏宅韩五郎贰拾伍两银铤

戳记：霸北街西 苏宅韩五郎

长 110 毫米、首宽 70 毫米、
腰宽 48 毫米、厚 17 毫米
940 克

1 : 0.75

36. 霸北街西苏宅韩五郎拾贰两半银铤

　　截记：霸北街西　苏宅韩五郎　重拾贰两半

　　横浦黄五郎

　　长 90 毫米、首宽 60 毫米、

　　腰宽 40 毫米、厚 12 毫米

　　443 克

1 : 0.85

37. 霸北街西相五郎拾贰两银铤

　　截记：霸北街西　相五郎（押记）

　　重拾贰两半　黄俊验

　　长 90 毫米、首宽 65 毫米、

　　腰宽 40 毫米、厚 13 毫米

　　464 克

1 : 0.85

38. 霸北街西韩五郎拾贰两半银铤

　　截记：霸北街西　韩五郎（押记）

　　重拾贰两半

　　长 86 毫米、首宽 60 毫米、

　　腰宽 40 毫米、厚 12 毫米

　　437 克

1 : 1

119

39. 霸北街西赵孙宅拾贰两半银铤

戳记：霸北街西　赵孙宅
长 89 毫米、首宽 57 毫米、
腰宽 38 毫米、厚 13 毫米
454 克

1:1

40. 霸北街西赵孙宅拾贰两半银铤

戳记：霸北街西　京销铤银　赵孙
宅　黄浚验
长 90 毫米、首宽 60 毫米、
腰宽 40 毫米、厚 12 毫米
443 克

1:1

41. 霸北街西黄二郎拾贰两半银铤

戳记：霸北街西　黄二郎　张叁郎　清河坊北
长 90 毫米、通宽 60 毫米、厚 12 毫米
443 克
1994 年湖北黄石陈伯臻粮库窖藏出土

1:1

42. 霸北街西贰拾伍两银铤

戳记：霸北街西 张八郎渗银 重贰拾伍两

刻字：□□□

长 108 毫米、首宽 75 毫米、

腰宽 49 毫米、厚 17 毫米

936.6 克

1 : 0.75

43. 霸北街西旧日苏韩张二郎贰拾伍两银铤

戳记：霸北街西 旧日苏韩张二郎 重贰拾伍

两 吴震验讫 □□□库

长 110 毫米、首宽 75 毫米、

腰宽 47 毫米、厚 15 毫米

965 克

1 : 0.75

44. 霸北街西旧日苏韩张二郎拾贰两半银铤

戳记：霸北街西 旧日苏韩张二郎 重拾贰两半

京销 贾寔 邢文彬 沈执中

长 90 毫米、首宽 60 毫米、

腰宽 40 毫米、厚 12 毫米

443 克

1 : 0.85

1:1

45. 霸北街西拾贰两半银铤

戳记：霸北街西 黄浚验 拾贰两重

长 87 毫米、首宽 60 毫米、

腰宽 41 毫米、厚 12.5 毫米

442.5 克

1:0.9

46. 霸北街西拾贰两半银铤

戳记：霸北街西 重拾贰两半

长 97 毫米、首宽 65 毫米、

腰宽 43 毫米、厚 11 毫米

467 克

47. 霸北西街拾贰两半银铤

戳记：霸北西街 重拾贰两半

长 88 毫米、首宽 59 毫米、

腰宽 40 毫米、厚 13 毫米

456 克

1:0.9

48. 霸北街东赵孙宅拾贰两半银铤

戳记：霸北街东　赵孙宅　重拾贰两半

长 92 毫米、首宽 65 毫米、

腰宽 42 毫米、厚 11 毫米

466.6 克

霸北街东，霸头的北面，御街的东面。其方位大致是在御街东面的贤福坊和兰陵坊之间。贤福坊，位于御街东，和市西坊相对，俗称坝东巷。兰陵坊，位于御街东，贤福坊北，宋时叫水巷，坊前有一桥，名水巷桥，桥畔商店云集。

1 : 0.85

49. 霸北街东苏宅韩五郎拾贰两半银铤

戳记：霸北街东　苏宅韩五郎　重拾贰两半

长 88 毫米、首宽 59 毫米、

腰宽 41 毫米、厚 16 毫米

450 克

1 : 0.85

50. 霸北街东徐沈铺拾贰两半银铤

戳记：霸北街东　徐沈铺　重拾贰两半

长 90 毫米、首宽 63 毫米、

腰宽 40 毫米、厚 12 毫米

437.4 克

1 : 1

51. 霸北街东赵宅拾贰两半银铤

戳记：霸北街东 赵宅 重壹拾贰两
长 88 毫米、首宽 60 毫米、
腰宽 40 毫米、厚 13 毫米
450 克

1:1

52. 霸北街东苏宅韩五郎拾贰两半银铤

戳记：霸北街东 苏宅韩五郎
重拾贰两半
刻字：元
长 88 毫米、首宽 60 毫米、
腰宽 40 毫米、厚 13 毫米
467 克

1:1

53. 霸北街东拾贰两半银铤

戳记：霸北街东 □□巷□ 重拾贰两半
长 85 毫米、首宽 60 毫米、
腰宽 40 毫米、厚 12 毫米
443.8 克

1:1

54. 霸北街东虢国拾贰两半银铤

　　戳记：霸北街东　虢国(押记)　重拾贰
两半　吴震验
　　刻字：广州经制银
　　长 85 毫米、首宽 58 毫米、
腰宽 40 毫米、厚 11 毫米
　　452.89 克

1：0.9

55. 霸北街东苏宅韩五郎拾贰两半银铤

　　戳记：霸北街东　苏宅韩五郎　重拾贰两
半　王三铺　罗八郎　阳□
　　长 89 毫米、首宽 59 毫米、
腰宽 38 毫米、厚 12 毫米
　　417.3 克

1：0.9

56. 霸北街东贰拾伍两银铤

　　戳记：霸北街东　重贰拾伍两
　　长 114 毫米、首宽 85 毫米、
腰宽 50 毫米、厚 18 毫米
　　934.4 克

1：0.8

57. 霸北街东余姜顾蒋宅贰拾伍两银铤

戳记：霸北街东 余姜顾蒋宅 重贰拾
伍两

1 : 0.8

58. 霸北街东京销铤银贰拾伍两银铤

戳记：霸北街东 京销铤银 重贰拾
伍两 沈铺 吴震验讫
长108毫米、首宽71毫米、
腰宽48毫米、厚18毫米
950克

1 : 0.8

59. 霸西面南京销细渗贰拾伍两半银铤

戳记：霸西面南 京销细渗 陈康铺
银 吴震验讫
长114毫米、首宽73毫米、
宽46毫米、厚17.5毫米
926克

霸西，即市西坊，又称坝西巷。因在旧
市之西，故名。西河流经坊西，有桥三座，
又称三桥街。是临安店铺最密集的闹市区，
名店林立。也是临安著名游乐场——大瓦的
所在地。

1 : 0.8

60. 京销铤银霸西王二郎贰拾伍两银铤

戳记：京销铤银　霸西王二郎　贰拾伍两

刻字：谭信

长 115 毫米、首宽 80 毫米、

腰宽 53 毫米、厚 14 毫米

900.2 克

1 : 0.7

61. 霸西王二郎京销铤银拾贰两半银铤

戳记：京销铤银　霸西王二郎　拾贰两
半

刻字：吴□京销　谢德明验

长 89 毫米、首宽 59 毫米、

腰宽 40 毫米、厚 11 毫米

417.84 克

1 : 0.85

62. 京销铤银霸西王二郎贰拾伍两银铤

戳记：京销铤银　霸西王二郎　贰拾伍两

刻字：康安银

长 115 毫米、首宽 76 毫米、

腰宽 51 毫米、厚 15 毫米

899.25 克

1 : 0.75

63. 霸西王宅拾贰两半银铤

戳记：霸西王宅 双菱形（方胜纹）

长 86 毫米、首宽 54 毫米、

腰宽 34 毫米、厚 16 毫米

456 克

64. 霸西金三郎拾两银铤

戳记：霸西金三郎 双葫芦印

长 83 毫米、首宽 53 毫米、

腰宽 30 毫米、厚 12 毫米

388.8 克

1:1

1:1

65. 霸北梁宅京销铤银贰拾伍两银铤

戳记：京销铤银 霸北梁宅 贰拾伍两

长 115 毫米、首宽 82 毫米、

腰宽 51 毫米、厚 15 毫米

938 克

霸北，位于御街中段的市西坊一带，今洋坝头

附近。

1:1

66. 京销铤银霸北梁一郎拾贰两半银铤

　　戳记：京销铤银　霸北梁一郎

　　长 87 毫米、首宽 59 毫米、

　　腰宽 39 毫米、厚 11 毫米

　　445 克

1 : 0.9

67. 霸头里角广州经制库银拾贰两半银铤

　　戳记：霸头里角　赵孙宅　重壹拾贰两半

　　刻字：广州经制库银

　　长 87.7 毫米、首宽 56.4 毫米、

　　腰宽 41.5 毫米、厚 12 毫米

　　463 克

　　霸头是临安当时有一个很重要的地
名。又称坝头，因远古时此处是江海坝
头而得名。霸头位于御街的中段市西坊
一带，是最繁华的商业街区。

1 : 1

68. 跨浦桥北拾贰两半银铤

　　戳记：跨浦桥北　张百一郎　壹拾贰两半

　　长 89 毫米、首宽 58 毫米、

　　腰宽 40 毫米、厚 12 毫米

　　462 克

　　跨浦桥北，位于京城临安城东保安
门附近。

1 : 0.9

129

69. 京销铤银猫儿桥东贰拾伍两银铤

戳记：猫儿桥东 京销铤银 吴一郎 京销
贾寔 沈执中 邢文彬
长 120 毫米、首宽 81 毫米、
腰宽 53 毫米、厚 17 毫米
950 克

猫儿桥东，又叫平津桥，为南宋时京城临安
市河上面的一座桥，桥名沿用至今。银铤四角砸
"猫儿桥东"戳记，意思是铸造该银铤的金银交引
铺位于猫儿桥的东面。

1：0.9

70. 柴木巷丁三郎贰拾伍两银铤

戳记：柴木巷 住柴木巷丁三郎 贰拾伍两
长 121 毫米、首宽 77 毫米、
腰宽 52 毫米、厚 16 毫米
962 克

柴木巷，南宋时京城临安的街巷名，位于洋坝头
河坊街附近，巷名至今沿用。

1：0.9

1 : 0.9

71. 柴木巷丁三郎拾贰两半银铤

戳记：柴木巷 范宅 丁三郎 重拾贰两半

长93毫米、首宽62毫米、

腰宽38毫米、厚11毫米

469克

72. 柴木巷丁三郎贰拾伍两银铤

戳记：柴木巷 住柴木巷丁三郎

贰拾伍两

长121毫米、首宽77毫米、

腰宽52毫米、厚16毫米

962克

1 : 0.7

73. 柴木巷丁三郎拾贰两半银铤

戳记：柴木巷 丁三郎 重拾贰两半

范宅(押记)

长90毫米、首宽61毫米、

腰宽40毫米、厚12毫米

471.3克

1 : 0.9

74. 街东桥西拾贰两半银铤

戳记：街东桥西 苏宅韩五郎 重拾贰两半

刻字：肇庆府银押银 / 人李史 / 监官

长 86 毫米、首宽 60 毫米、

腰宽 40 毫米、厚 12 毫米

436.7 克

街东桥西，意思是御街东面，平津桥的西面，是金银铺的位置，也是南宋时临安最繁华的商业区和金银交引铺最集中的地方。

1:1

75. 街东面西霸西夏四郎拾贰两半银铤

戳记：街东面西 霸西夏四郎 重拾贰两半

黄俊验讫

长 89 毫米、首宽 60 毫米、

腰宽 40 毫米、厚 12 毫米

452.2 克

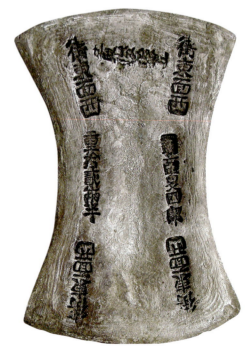

1:1

1 : 0.9

76. 水巷里角王二郎贰拾伍两银铤

戳记：水巷里角　王二郎　贰拾伍两重

长 126 毫米、首宽 77 毫米、

腰宽 53 毫米、厚 15 毫米

950 克

　　水巷位于兰陵坊，御街东面，坊前有一桥，名曰水巷桥，桥畔商店云集。

77. 水巷里角王二郎贰拾伍两银铤

戳记：水巷里角　王二郎　贰拾伍两重

长 116 毫米、首宽 80 毫米、

腰宽 54 毫米、厚 15 毫米

934.2 克

1 : 0.9

78. 荐桥北街东贰拾伍两银铤

戳记：荐桥北街东　重贰拾伍两　马二郎铺
长 126 毫米、首宽 77 毫米、
腰宽 53 毫米、厚 15 毫米
950 克

1:1

79. 都税务前赵孙宅拾贰郎银铤

戳记：都税务前　赵孙宅　拾贰两半　黄俊验讫
长 88 毫米、首宽 58 毫米、
腰宽 40 毫米、厚 11 毫米
495 克

1:1

1:1

80. 铁线巷陈二郎贰拾伍两银铤

截记：铁线巷　陈二郎　重贰拾伍两

长 111 毫米、首宽 74 毫米、

腰宽 47 毫米、厚 17 毫米

930.3 克

1:1

81. 铁线巷陈二郎贰拾伍两银铤

截记：铁线巷　陈二郎　重贰拾伍两

长 110 毫米、首宽 74 毫米、

腰宽 47 毫米、厚 17 毫米

935 克

82. 铁线巷陈二郎贰拾伍两银锭

戳记：铁线巷　陈二郎　重贰拾伍两
长 112 毫米、首宽 78 毫米、
腰宽 49 毫米、厚 17 毫米
929.2 克

1 : 0.75

83. 铁线巷陈二郎贰拾伍两银锭

戳记：铁线巷　陈二郎　重贰拾伍两
长 111 毫米、首宽 74 毫米、
腰宽 46 毫米、厚 16 毫米
929.34 克

1 : 0.75

84. 铁线巷陈二郎贰拾伍两银锭

戳记：铁线巷　陈二郎　重贰拾伍两
长 110 毫米、首宽 73 毫米、
腰宽 47 毫米、厚 16 毫米
923.62 克

1 : 0.75

85. 铁线巷陈二郎贰拾伍两银锭

戳记：铁线巷　陈二郎　重贰拾伍两

长 110 毫米、首宽 73 毫米、

腰宽 47 毫米、厚 15 毫米

926.4 克

86. 铁线桥巷京销铤银贰拾伍两银铤

戳记：京销铤银　铁线桥巷　康三郎

刻字：潮州司户林

长 109 毫米、首宽 73 毫米、

腰宽 49 毫米、厚 17 毫米

917.27 克

87. 铁线巷陈二郎贰拾伍两银铤

戳记：铁线巷　陈二郎　重贰拾伍两

长 111 毫米、首宽 75 毫米、

腰宽 48 毫米、厚 16 毫米

923.6 克

1 : 0.75

1 : 0.75

1 : 0.75

137

88. 铁线巷陈二郎贰拾伍两银铤

　　戳记：铁线巷 陈二郎 重贰拾伍两

　　长112毫米、首宽74毫米、

　　腰宽47毫米、厚16毫米

　　950克

1 : 0.75

89. 铁线巷陈二郎贰拾伍两银铤

　　戳记：铁线巷 陈二郎 重贰拾伍两

　　长112毫米、首宽74毫米、

　　腰宽47毫米、厚16毫米

　　950克

1 : 0.75

90. 铁线巷陈二郎贰拾伍两银铤

　　戳记：铁线巷 陈二郎 重贰拾伍两

　　长112毫米、首宽74毫米、

　　腰宽47毫米、厚16毫米

　　950克

1 : 0.75

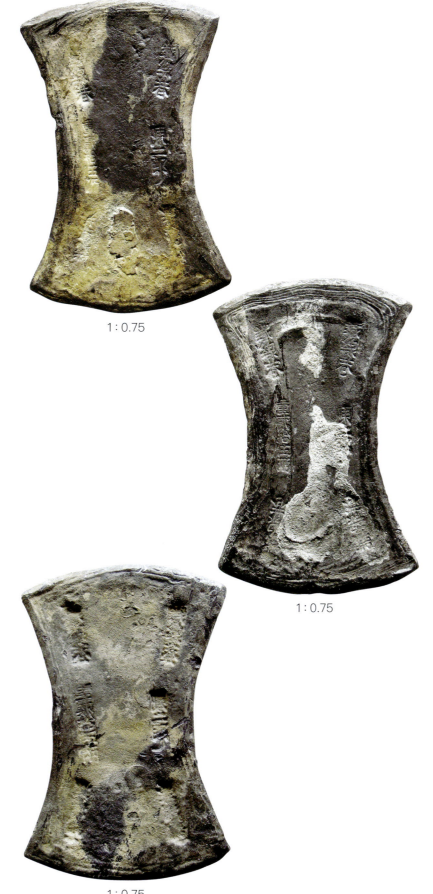

91. 铁线巷陈二郎贰拾伍两银铤
截记：铁线巷 陈二郎 重贰拾伍两
长 112 毫米、首宽 74 毫米、
腰宽 47 毫米、厚 16 毫米
950 克

1∶0.75

92. 铁线巷陈二郎贰拾伍两银铤
截记：铁线巷 陈二郎 重贰拾伍两
长 112 毫米、首宽 74 毫米、
腰宽 47 毫米、厚 16 毫米
950 克

1∶0.75

93. 铁线巷陈二郎贰拾伍两银铤
截记：铁线巷 陈二郎 重贰拾伍两
长 112 毫米、首宽 74 毫米、
腰宽 47 毫米、厚 16 毫米
950 克

1∶0.75

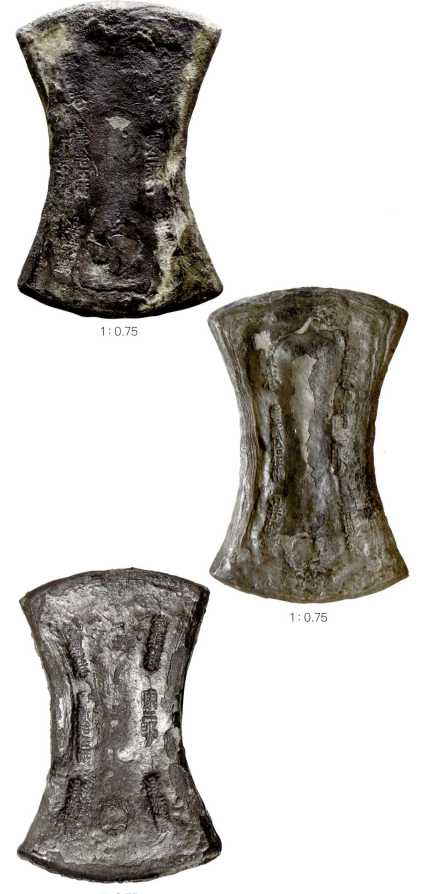

94. 铁线桥巷贰拾伍两银铤

戳记：铁线巷　陈二郎　重贰拾伍两

长 112 毫米、首宽 74 毫米、

腰宽 47 毫米、厚 16 毫米

950 克

1 : 0.75

95. 铁线巷陈二郎贰拾伍两银铤

戳记：铁线巷　陈二郎　重贰拾伍两

长 112 毫米、首宽 74 毫米、

腰宽 47 毫米、厚 16 毫米

950 克

1 : 0.75

96. 铁线巷陈二郎贰拾伍两银铤

戳记：铁线巷　陈二郎　重贰拾伍两

长 112 毫米、首宽 74 毫米、

腰宽 47 毫米、厚 16 毫米

950 克

1 : 0.75

97. 清河坊京销渗银北拾贰两半银铤

戳记：清河坊北　京销渗银　张三郎
长 87 毫米、通宽 64 毫米、厚 13 毫米
436 克
1994 年湖北黄石陈伯臻粮库窖藏出土

清河坊北，南宋大将清河郡王张俊居此而得
名，相当于现在的中山中路相接的河坊街西段
及东太平巷一带，"清河坊"地名至今仍在沿
用。

1：0.85

98. 清河坊北京销铤银拾贰两半银铤

戳记：清河坊北　京销铤银　张三郎
长 86 毫米、通宽 64 毫米、厚 13 毫米
440 克
1994 年湖北黄石陈伯臻粮库窖藏出土

1：0.85

99. 清河坊北霸北街西拾贰两半银铤

戳记：清河坊北　霸北街西　黄二郎　张叁郎
长 90 毫米、通宽 60 毫米、厚 12 毫米
443 克
1994 年湖北黄石陈伯臻粮库窖藏出土

1：1

141

100. 京销铤银朝天门里贰拾伍两银铤

戳记：京销铤银 朝天门里董六郎

长 110 毫米、通宽 73 毫米、厚 20 毫米

962 克

1994 年湖北黄石陈伯臻粮库窖藏出土

朝天门里，即长庆坊，现在的十五奎巷。

1 : 0.8

101. 京销铤银市西陈铺拾贰两半银铤

戳记：京销铤银 市西陈铺

长 88 毫米、首宽 61 毫米、

腰宽 41 毫米、厚 13 毫米

468.5 克

102. 京销铤银市西陈铺贰拾伍两银铤

戳记：京销铤银 市西陈铺

长 112 毫米、首宽 78 毫米、

腰宽 50 毫米、厚 19 毫米

918.4 克

1 : 0.8

1 : 0.8

103. 京销铤银市西陈铺贰拾伍两银铤

　　戳记：京销铤银　市西陈铺
　　长 110 毫米、首宽 78 毫米、
　　腰宽 49 毫米、厚 17 毫米
　　970 克

104. 京销铤银市西陈铺贰拾伍两银铤

　　戳记：京销铤银　市西陈铺
　　长 110 毫米、首宽 78 毫米、
　　腰宽 49 毫米、厚 17 毫米
　　974 克

1 : 0.8

105. 京销铤银市西陈铺贰拾伍两银铤

　　戳记：京销铤银　市西陈铺
　　长 110 毫米、首宽 78 毫米、
　　腰宽 49 毫米、厚 17 毫米
　　970 克

1 : 0.8

106. 京销铤银市西陈铺贰拾伍两银铤

戳记：京销铤银　市西陈铺
长 110 毫米、首宽 78 毫米、
腰宽 49 毫米、厚 17 毫米
966 克

1 : 0.8

附：京城外金银铺铸造的银铤

在南宋银铤上还发现有温州的康乐坊、简松坊，嘉兴的广平桥，南京的镇淮桥北、建康御街和江苏镇江、安徽光州、湖北襄阳、广西梧州等地名。这说明在京城以外也开设了金银铺。

107. 镇淮桥北京销铤银拾贰两半银铤

戳记：镇淮桥北　京销铤银　御街朱铺
长 90 毫米、首宽 61 毫米、
腰宽 41.5 毫米、厚 11 毫米
453.9 克

1 : 0.8

108. 镇淮桥北京销铤银拾贰两半银铤

戳记：镇淮桥北　京销铤银　御街朱铺
长 91 毫米、首宽 63 毫米、
腰宽 40 毫米、厚 12 毫米
480 克

1 : 0.8

109. 镇淮桥北京销铤银拾贰两半银铤

戳记：镇淮桥北 京销铤银 御街朱铺
长91毫米、首宽63毫米、
腰宽40毫米、厚12毫米
480克

1：0.9

110. 镇淮桥北京销铤银拾贰两半银铤

戳记：镇淮桥北 御街朱铺 京销铤银
长90毫米、首宽61毫米、
腰宽40毫米、厚13毫米
476克

1：0.9

111. 镇江市西张宅京销铤银拾贰两半银铤

戳记：京销铤银 镇江市西张宅 重拾贰两半
刘百一郎 王百一郎 曾
长87.93毫米、首宽60.9毫米、
腰宽40.4毫米、厚12.3毫米
450.1克

1：0.9

南宋钱汇
金银铤编

112. 镇江童五郎京销铤银拾贰两银铤

　　戳记：京销铤银　镇江童五郎　重拾贰两半

　　沈执中　京销　贾寔　邢文彬

　　长 89.58 毫米、首宽 60.35 毫米、

　　腰宽 38.7 毫米、厚 9.75 毫米

　　417.39 克

1 : 0.9

113. 镇江袁铺京销铤银拾贰两半银铤

　　戳记：镇江袁铺　京销铤银

　　长 89 毫米、首宽 60 毫米、

　　腰宽 39 毫米、厚 12 毫米

　　416 克

1 : 0.9

114. 镇江张家记贰拾伍两银铤

　　戳记：镇江张家记

　　长 116 毫米、首宽 80 毫米、

　　腰宽 45 毫米、厚 18 毫米

　　952 克

1 : 0.9

1:1

115. 温州马曹头谢铺拾贰两银铤

戳记：温州马曹头 谢铺 重拾贰两

116. 简讼坊南吴二郎拾贰两半银铤

戳记：简讼坊南 吴二郎 重拾贰
两半 广东运司
长 85 毫米、首宽 59 毫米、
腰宽 42 毫米、厚 11 毫米
935 克

1:1

117. 襄阳韩宅记拾贰两半银铤

戳记：襄阳 韩宅记
长 89 毫米、首宽 54 毫米、
腰宽 31 毫米、厚 12 毫米
471.9 克

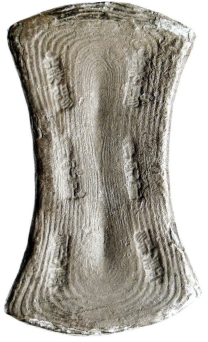

1:1

118. 牛皮巷何二郎拾贰两半银铤

戳记：牛皮巷□ 何二郎 重壹拾贰
两 广东钞铺

刻字：封州刘踞

长 84 毫米、首宽 55 毫米、
腰宽 40 毫米、厚 11 毫米

433 克

119. 沙羡朱明拾贰两半银铤

戳记：沙羡朱明

长 80 毫米、首宽 54 毫米、
腰宽 30 毫米、厚 14 毫米

493 克

　　沙羡，古县名，冶所在今湖北省武汉市
江夏区西金口镇。现有沙羡街。

120. 光州莫百四郎贰拾伍两银铤

戳记：光州莫百四郎

长 111 毫米、首宽 72 毫米、
腰宽 44 毫米、厚 22 毫米

967.2 克

1:0.9

1:0.9

1:1

121. 广州城南拾贰两半银铤

戳记：广州城南

刻字：康安银

长 88 毫米、首宽 58 毫米、

腰宽 38 毫米、厚 10 毫米

375 克

1∶0.85

122. 广东城南木念九郎贰拾伍两银铤

戳记：广东城南　木念九郎　重贰拾伍两

刻字：何口银　谢德明验

长 111 毫米、首宽 78 毫米、

腰宽 53 毫米、　厚 16 毫米

879.7 克

1∶0.85

123. 广东城南拾贰两半银铤

戳记：广东城南　重拾贰两半

木复兴（押记）　黄俊验

长 89 毫米、首宽 60 毫米、

腰宽 42 毫米、厚 11 毫米

350.8 克

1∶0.85

130. 长街广平桥拾两银铤

戳记：长街广平桥　南银铺刘宅　辛

长 84 毫米、首宽 51 毫米、

腰宽 33 毫米、厚 17 毫米

384 克

1:1

131. 长街广平桥拾两银铤

戳记：长街广平桥　南银铺刘宅　戊

长 81 毫米、首宽 48 毫米、

腰宽 30 毫米、厚 12 毫米

376 克

1:1

132. 长街广平桥拾两银铤

戳记：长街广平桥　南银铺刘宅　戊

长 81 毫米、首宽 48 毫米、

腰宽 30 毫米、厚 12 毫米

376.2 克

1:1

133. 长街广平桥拾两银铤

戳记：长街广平桥 南银铺刘宅 庚
长 88 毫米、首宽 60 毫米、
腰宽 40 毫米、厚 12 毫米
453.5 克

1:1

134. 长街广平桥拾两银铤

戳记：长街广平桥 南银铺刘宅 壬
长 84 毫米、首宽 51 毫米、
腰宽 33 毫米、厚 17 毫米
384 克

1:1

135. 长街广平桥拾两银铤

戳记：长街广平桥 南银铺刘宅 壬
长 84 毫米、首宽 51 毫米、
腰宽 33 毫米、厚 17 毫米
384 克

1:1

136. 长街广平桥拾两银铤

戳记：长街广平桥 南银铺刘宅 壬
长 84 毫米、首宽 51 毫米、
腰宽 33 毫米、厚 17 毫米
384.2

1∶1

137. 长街广平桥拾两银铤

戳记：长街广平桥 南银铺刘宅
长 82 毫米、首宽 50 毫米、
腰宽 33 毫米、厚 15 毫米
381 克

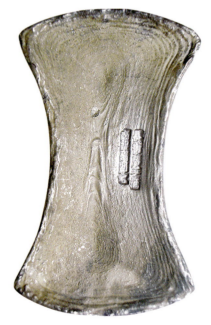

1∶1

（四）谢德明验

在南宋银铤中，有一类砸有"京销铤银"或"霸北街西"等临安地名戳记的银铤，在其铤面中间加刻两行字，一边是"某某京销"或"某某银"，一边是"谢德明验"。"某某京销"或"某某银"其实就是京销银，前面的"邓瑜""邓楹""袁表""黄谦"等就是人名，也有的是官库名。这些人名代表是什么人？明明有的银铤上已经砸有"京销铤银"，为什么还要加刻"京销银"？是什么时间、什么场合加刻的呢？谢德明又是什么人，为什么所有的银铤都由他来检验？

我们知道南宋的金银货币主要使用于政府的专卖、赋税及地方政府向中央政府的上供等。地方政府和商人所需的金银是要向金银交引铺兑换或购买的。我们通常见到的京销铤银及临安地名的银铤是金银铺事先铸造好的，供地方政府和商人购买或兑换。所以，再使用的时候，有必要对其重量和成色重新检验。这种"某某京销"或"某某银"加"谢德明验"应该就是这样的情况下产生的。"邓瑜""邓楹""袁表""黄谦"等人名应该是该银铤的原持有人。而谢德明的身份有两种可能。从商人群体的角度来看，有可能是行会的行首，或者是由行会指定的检验人。从官方的角度来看，则是京城榷货务里的金银货币检验人员。

榷货务的主要职能有专卖及金融两部分。专卖职能以茶盐香矾等的专卖品为主。而它的专卖职能和金融职能是相互联系的，宋朝政府通过榷货务从茶盐香矾等商品的专卖中攫取了巨额利润。正是因为榷货务由此获有大量货币和财富，它才能够在便钱、货币兑换与回笼，入中粮草之拨款与付款等方面发挥很多职能和作用。因而，设立金银检验人员是极为必要的，也是必需的。

1. 京销铤银霸西王二郎拾贰两半银铤

戳记：京销铤银　霸西王二郎　拾贰两半

刻字：邓瑜京销　谢德明验

长 84 毫米、首宽 57 毫米、

腰宽 47 毫米、厚 12 毫米

423 克

1 : 0.8

2. 霸北街西苏宅韩五郎拾贰两半银铤

戳记：霸北街西　苏宅韩五郎

刻字：宁库银　谢德明验

长 84 毫米、首宽 57 毫米、

腰宽 47 毫米、厚 12 毫米

423 克

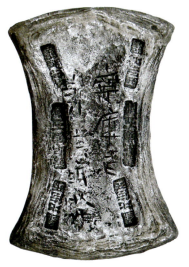

1 : 0.8

3. 霸北街东赵孙宅拾贰两半银铤

　　戳记：霸北街东　赵孙宅　重拾贰两
　　刻字：袁表京销　谢德明验
　　长 88 毫米、首宽 60 毫米、
　　腰宽 44 毫米、厚 11 毫米
　　415.9 克

1:1

4. 霸北街西张二郎拾贰两半银铤

　　戳记：霸北街西　张二郎　重拾贰两半
　　刻字：黄谦京销　谢德明验
　　长 88 毫米、首宽 58 毫米、
　　腰宽 40 毫米、厚 11 毫米
　　495 克

1:1

5. 京销铤银拾贰两半银铤

　　戳记：京销铤银　拾贰两半
　　刻字：侯仁京销　谢德明验
　　长 84 毫米、首宽 57 毫米、
　　腰宽 47 毫米、厚 12 毫米
　　423 克

1:1

1:1

6. 京销铤银拾贰两半银铤

截记：京销铤银　拾贰两半

刻字：邓楹京销　谢德明验

长 84 毫米、首宽 57 毫米、

腰宽 47 毫米、厚 12 毫米

423 克

7. 京销铤银霸西王二郎拾贰两半银铤

截记：京销铤银　霸西王二郎

拾贰两半

刻字：□□京销　谢德明验

长 84 毫米、首宽 57 毫米、

腰宽 47 毫米、厚 12 毫米

423 克

1:1

8. 京销铤银拾贰两半银铤

截记：京销铤银　拾贰两半

刻字：谭信银　谢德明验

长 84 毫米、首宽 57 毫米、

腰宽 47 毫米、厚 12 毫米

423.6 克

1:1

9. 京销铤银霸西王二郎拾贰两半银铤
　　戳记：京销铤银　霸西王二郎　拾贰两半
　　刻字：汪吴京销　谢德明验
　　长 88 毫米、首宽 52 毫米、
　　腰宽 38 毫米、厚 12 毫米
　　468.8 克

1:1

10. 京销铤银霸西王二郎拾贰两半银铤
　　戳记：京销铤银　霸西王二郎　拾贰两半
　　刻字：康安京销　谢德明验
　　长 88 毫米、首宽 52 毫米、
　　腰宽 38 毫米、厚 12 毫米
　　468.8 克

1:1

11. 京销铤银霸西王二郎拾贰两半银铤
　　戳记：京销铤银　霸西王二郎　拾贰两半
　　刻字：袁表京销　谢德明验
　　长 84 毫米、首宽 57 毫米、腰宽 47 毫米、厚
　　12 毫米
　　423 克

1:1

12. 京销铤银霸西王二郎拾贰两半银铤

戳记：京销铤银 霸西王二郎 拾贰两半

刻字：康兴京销 谢德明验

长 84 毫米、首宽 57 毫米、

腰宽 47 毫米、厚 12 毫米

423 克

1:1

13. 京销铤银拾贰两半银铤

戳记：京销铤银 拾贰两半

刻字：□□京销 谢德明验

长 84 毫米、首宽 57 毫米、

腰宽 47 毫米、厚 12 毫米

423 克

1:1

14. 京销铤银拾贰两半银铤

戳记：京销铤银 重拾贰两半

刻字：汪吴京销 谢德明验

长 84 毫米、首宽 57 毫米、

腰宽 47 毫米、厚 12 毫米

423 克

1:1

15. 霸北街西苏宅韩五郎拾贰两半银铤

戳记：霸北街西　苏宅韩五郎　重拾贰两半

刻字：谭信京销　谢德明验

长 88 毫米、首宽 61 毫米、

腰宽 41 毫米、厚 13 毫米

435 克

1:1

16. 霸北街西京销铤银拾贰两半银铤

戳记：霸北街西　京销铤银

刻字：侯仁银　谢德明验

长 84 毫米、首宽 57 毫米、

腰宽 47 毫米、厚 12 毫米

423 克

1:1

17. 京销铤银霸西王二郎拾贰两半银铤

戳记：京销铤银　霸西王二郎　重拾贰两半

刻字：温和之京销　谢德明验

长 84 毫米、首宽 57 毫米、

腰宽 47 毫米、厚 12 毫米

423 克

1:1

1:1

18. 京销铤银拾贰两半银铤

戳记：京销铤银　重拾贰两半
刻字：麦季银　谢德明验
长 84 毫米、首宽 57 毫米、
腰宽 47 毫米、厚 12 毫米
423 克

19. 京销铤银霸西王二郎拾贰两半银铤

戳记：京销铤银　霸西王二郎　拾贰两半
刻字：暨安京销　谢德明验
长 84 毫米、首宽 57 毫米、
腰宽 47 毫米、厚 12 毫米
423 克

1:1

20. 京销铤银拾贰两半银铤

戳记：京销铤银　王宅铤银
刻字：何吉京销　谢德明验
长 89 毫米、首宽 57 毫米、
宽 36 毫米、厚 1 毫米
419 克

1:1

21. 京销正渗林铺铤银拾贰两半银铤

戳记：京销正渗　林铺铤银　重拾贰两

刻字：谢德明验　曾用京销

长 86 毫米、首宽 58 毫米、

腰宽 40 毫米、厚 11 毫米

435 克

1 : 1

22. 广东城南木念九郎贰拾伍两银铤

戳记：广东城南　木念九郎　重贰拾伍两

刻字：何吉银　谢德明验

长 111 毫米、首宽 78 毫米、

腰宽 53 毫米、厚 16 毫米

879.7 克

1 : 0.8

23. 霸南街西相五郎拾贰两半银铤

戳记：霸南街西　相五郎(押记)　重拾

贰两半

刻字：谭信京销　谢德明验

长 86 毫米、首宽 58 毫米、

腰宽 40 毫米、厚 11 毫米

435 克

1 : 1

二、白银与国家财政

在南宋银铤中，有不少的铭文中出现有"上供银""纲银""广东运司""淮西银""天基圣节银""经总制银""广东钞库""市舶司""军资库""马司银""免丁银""宽剩银""公用银"等特殊字样，这清楚地显示了这些金银是与国家专卖、海外贸易、上供、税收制度密切相连，是国家财政收入的重要来源。

（一）上供银

上供银是向朝廷输送白银，这些白银来源于坑冶、专卖品钞引买卖收入、各种实物及税收折银。同时，各州为了完成上供白银的数量还向金银铺买银，由押银人纳银。洪适《盘洲文集》卷五记载荆门少银，"寻常贡赋多是担钱至荆南府买银，今每年至提举司请引，及管押银人纳银，有沿路脚乘等费"。淳祐末年广东转运使吴泳在他的《鹤林集》中讲道："广州非产银去处，本司逐时买银起纲，铢积寸累，极是艰辛。"同时朝廷对上供进奉的白银有明确的重量规定。南宋庆元年间（1195～1200年）《辇运令》规定：上供金银要用上等的成色，白银要鞘成铤，大铤伍拾两，小铤贰拾伍两。同时要钤明银数、排立字号、官吏职位姓名，用木匣封锁。据《临汀志》记载："上供银每岁解发七千九百四十五两八钱三分五厘，赴行在左藏西库交纳。……圣节银：每岁进奉二千两，赴行在左藏西库交纳。……大礼银：每遇大礼年分解发进奉银二千两赴行在左藏西库交纳。"

上供银是一个广义的概念。现发现的上供银，其铭文表述多种多样，有直接写明"上供银"的，也有"用大礼银""圣节银""纲银""冬季""夏季银""州军府银""转运司银"等其他称谓的。

从银铤本身观察，有二大类：一，其铭文表述非常完整的，有地点、时间、用项银、缴纳地点、监办官员差役与银匠等。如"全州通判起解宝祐二年冬季银前赴淮西总领所交纳□从事郎全州军事推官赵崇达""今申解淮西银每铤贰拾伍两　□字号称子道□专典　从事郎永州司法参军赵荣□承议郎通判永州军事□□"等。这类银铤一般是各路州军按照朝廷规定的数量、时间、地点输送财赋。因而在银铤上写明上供的州军府、上供的时间、送抵的目的地和负责上供银的官员的官职和姓名、银匠名等，以便督查。二，其铭文相对比较简单的，如循州上供银，只写明上供的州军府和上供银，这类上供银的铭文通常出现在砸有京销铤银或临安地名戳记的银铤上，这说明是各地政府到为了完成上供银年额到京城临安的金银铺购买打造好的银铤，刻上地名和上供字样。

1. 全州宝祐二年冬季银伍拾两

刻字：全州通判起解宝祐二年冬季 / 银前赴淮西 / 总领所交纳□ / 从事郎全州军事推官赵崇达

长 156 毫米、首宽 104 毫米、腰宽 57 毫米、厚 22 毫米

1916 克

1 : 0.6

2. 德庆府上供银贰拾伍两半银铤

戳记：京销铤银 赵铺 重贰拾伍两 沈执中

刻字：德庆府起发上供银 / 监官黄迪功 / 银匠黄
庆仁

长 107 毫米、首宽 71 毫米、腰宽 46 毫米、
厚 17 毫米

907 克

3. 德庆府上供银拾贰两半银铤

戳记：□□□□ 苏宅韩五郎 重拾贰两
半 邢文彬 贾寔 沈执中 京销

刻字：德庆府起上供银 / 监官黄迪功 /
银匠黄庆仁

长 85 毫米、首宽 60 毫米、腰宽 41 毫米、
厚 11 毫米

457.7 克

1 : 0.85

4. 德庆府上供银拾贰两半银铤

戳记：京销铤银 朱铺

刻字：德庆府上供银 / 库官许迪功 / 银匠
黄庆仁

长 90 毫米、首宽 60 毫米、
腰宽 41 毫米、厚 12 毫米

444.3 克

1 : 0.75

5. 广州上供银京销铤银拾贰两半银铤

戳记：京销银　赵孙宅

刻字：广州上供银

长 90 毫米、首宽 60 毫米、

腰宽 40 毫米、厚 12 毫米

433.1 克

6. 广州上供银京销铤银拾贰两半银铤

戳记：京销铤银　韩宅

刻字：广州上供银

长 88 毫米、首宽 57 毫米、

腰宽 38 毫米、厚 11 毫米

446 克

1：1

7. 循州上供银康乐坊西贰拾伍两银铤

戳记：康乐坊西　孙宅渗银　重贰拾伍两

刻字：循州上供银

长 114 毫米、首宽 76 毫米、

腰宽 47 毫米、厚 13 毫米

960 克

1：1

1：0.85

8. 循州上供银霸南街西贰拾伍两银铤

　　戳记：霸南街西　陈曹宅　重贰拾伍两

　　刻字：循州上供银

　　长 115 毫米、首宽 76 毫米、

　　腰宽 52 毫米、厚 17 毫米

　　935 克

1 : 0.85

9. 循州上贡银霸西街南拾贰两半银铤

　　戳记：霸西街南　京销铤银

　　刻字：循州上贡银

　　长 88 毫米、首宽 58 毫米、

　　腰宽 40 毫米、厚 12 毫米

　　450 克

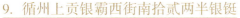

1 : 1

10. 永州淳熙二年贰拾伍两银铤

　　刻字：永州今申解淳熙二年到淳熙三年

　　银 / 从政郎永州录事参军□□□ / 总计十

　　铤每铤贰拾伍两□□　销郎

　　长 113 毫米、首宽 78 毫米、

　　腰宽 49 毫米、厚 18 毫米

　　951 克

1 : 0.85

1:0.85

11. 宝祐二年贰拾伍两银铤

戳记：京销银 重贰拾伍两 元宅

刻字：宝祐二年□□贰拾伍两重□□／迪功
郎权录事参军朱瑛

长 112 毫米、首宽 76 毫米、
腰宽 50 毫米、厚 19 毫米

979.4 克

12. 帐前统制官张青伍拾两银铤

刻字：帐前统制官张青解到银柒千陆百两／每铤
系市秤伍拾两重／匠人张焕扈文炳宋国宁何庚

长 147 毫米、腰宽 55 毫米

1910 克

1955 年黄石西塞山银铤窖藏出土。

1:0.85

永州淮西银

  永州，南宋时属于荆湖南路，位于湖南中西部。淮西银，即上缴淮西总领所的白银。淮西总领所，设在建康。

  总领所，即总领诸路财赋军马钱粮所，主要负责供应某一方面御前军需要的钱粮等物资。当时有四个总领所，分别是淮东总领设属镇江、淮西总领设属建康、湖广总领设属鄂州、四川总领设属利州。

  这几件永州淮西银是湖南永州遵照朝廷的规定向淮西总领所上缴的上供银，并用千字文编号，由永州司法参军和通判永州军事等官员督办。

1. 永州解淮西银□字号贰拾伍两银铤

刻字：今申解淮西银每铤贰拾伍两 / 通字号称子道
□专典 / 从事郎永州司法参军赵崇□ / 承议郎通判
永州军事□□

长 111 毫米、首宽 78 毫米、腰宽 43 毫米、
厚 18 毫米

1006 克

1 : 0.85

2. 永州解淮西银民字号贰拾伍两银铤

刻字：今申解淮西银每铤贰拾伍两 / 民字号称子经
荣唐荣 / 从事郎永州司法参军赵皋审 / 承议郎通判
永州司州事莫所丘

长 110 毫米、首宽 78 毫米、腰宽 42 毫米、
厚 18 毫米

992 克

1 : 0.85

1 : 0.85

3. **永州淮西银吕字号贰拾伍两银铤**

刻字：今申解淮西银每铤计重贰拾伍两 / 吕字号秤
子经荣唐深 / 从事郎永州司法参军赵崇□ / 承议郎
通判永州军州事莫所丘

长 113 毫米、首宽 82 毫米、腰宽 45 毫米、
厚 20 毫米

1002.7 克

1 : 1

4. **永州淮西银隆字号贰拾伍两银铤**

刻字：今申解淮西银每铤重贰拾伍两 / 隆字号秤子经
荣唐深 / 从事郎永州司法参军赵崇□ / 承议郎通判永
州军州事□□

长 110 毫米、首宽 82 毫米、腰宽 41 毫米、
厚 19 毫米

1000.3 克

1 : 1

5. 永州淮西银人字号贰拾伍两银铤

    刻字：今申解淮西银每铤重贰拾伍两 / 人字号秤子经荣唐深 / 从事郎永州司法参军赵崇□ / 承议郎通判永州军州事莫所丘

    长 114 毫米、首宽 84 毫米、腰宽 44 毫米、厚 22 毫米

    1007.7 克

6. 永州淮西银洪字号贰拾伍两银铤

    刻字：今申解淮西银每铤重贰拾伍两 / 洪字号秤子经荣唐深 / 从事郎永州司法参军赵崇□ / 承议郎通判永州军州事莫所丘

    长 112 毫米、首宽 82 毫米、腰宽 45 毫米、厚 23 毫米

    1017.6 克

1 : 0.85

1:1

7. 永州淮西银崇字号贰拾伍两银铤

刻字：今申解淮西银每铤重贰拾伍两 / 崇字号秤子
经荣唐深 / 从事郎永州司法参军赵崇□ / 承议郎通
判永州军州事莫所丘

长 110 毫米、首宽 82 毫米、腰宽 43 毫米、
厚 21 毫米

1004.5 克

1:1

8. 永州申解宝祐二年贰拾伍两银铤

刻字：永州申解宝祐二年下半年□□ / 承议郎永州军
事□□赵明□ / 银壹拾伍铤赵□□□□

长 112 毫米、首宽 87.5 毫米、腰宽 42.5 毫米、
厚 18 毫米

991 克

9. 永州淮西银贰拾伍两银锭

刻字：永州淮西银六铤计□□□ / □字号
□□□唐深 / 从事郎永州司法参军赵崇□ /
承议郎道州永州□□银
长 111 毫米、首宽 87 毫米、腰宽 43 毫米、
厚 18 毫米
981 克

1:0.8

纲银

　　把上供的白银编组成纲叫纲银。纲是纲运的
意思，宋时，把需要运输的官物编组成若干单位，
每个单位为一"纲"，由相关官吏监押，使用军
队或差雇来的百姓运送，走水路谓之漕运，走陆
路谓之陆运。运粮即纲粮，运银即纲银，运绢即
纲绢等等。

　　纲银的来源是由从多种途径征收上来白银
或是由其他上供物资折换的白银，其中最主要的
有夏秋两税中的粮食、绢帛等实物折银、经总制
钱折银、地方政府购买的上供银、专卖品收入折
银等。

1. 泉州通判厅起发淳祐六年分夏季纲银 伍拾两银铤

戳记：贾寔 李□(押记)沈执中 盛缣 京销 熔烁林伯森
刻字：泉州通判厅起发淳祐六年分称子董成 /
夏季纲银 /
监官 / 朝请郎签书平海军节度判官公事卓
长 138 毫米、首宽 95 毫米、腰宽 65 毫米、厚 18 毫米
1900 克

1:1

1:1

2. 郴州起解淳祐七年上半年淮西总所纲银拾贰两半银铤

刻字：郴州起解淳祐 / 七年上半年淮西 / 总所纲银

长 88 毫米、首宽 58 毫米、腰宽 35 毫米、厚 14 毫米

457 克

郴州纲银是湖南郴州上解南京淮西总领所的上供银。银铤上砸京销铤银、京城临安地名、金银铺与金银匠名等戳记，显示是郴州地方政府为了完成上供年额，专门到临安的金银铺购买的银铤，随后刻上铭文，上供朝廷。

1:1

3. 郴州起发淳祐八年下半年纲银拾贰两银铤

戳记：霸北街西 苏宅韩五郎 重拾贰两半

刻字：郴州起发淳祐八 / 年下半年纲银赴 / 淮西总领所交纳

长 89 毫米、首宽 61 毫米、腰宽 41 毫米、厚 12 毫米

435.9 克

4. 郴州起发淳祐八年下半年纲银拾贰两银铤

戳记：霸南街东 赵孙宅 重拾贰两半 东五三记

刻字：郴州起发淳祐 / 八年下半年纲银赴 / 淮西总
所交纳

长 88 毫米、首宽 62 毫米、腰宽 39 毫米、
厚 12 毫米

440.8 克

1：0.9

5. 郴州起发淳祐八年下半年纲银拾贰两半银铤

戳记：霸北街东 赵孙宅 重拾贰两半

刻字：郴州起发淳祐八 / 年下半年纲银赴 / 淮西总所
交纳

长 87 毫米、首宽 60 毫米、腰宽 42 毫米、
厚 12 毫米

409 克

1：0.9

6. 郴州起发淳祐八年下半年纲银拾贰两半银铤

戳记：霸北街东 □□□□ 重拾贰两半

刻字：郴州起发淳祐八年 / 下半年纲银赴 / 淮西总领所交纳

长 90 毫米、首宽 61 毫米、腰宽 41 毫米、厚 12 毫米

461 克

1：0.9

7. 新州解发淳祐四年鄂州纲银贰拾伍两银铤

戳记：霸北街西 苏宅 韩五郎

刻字：新州解发淳祐 / 四年鄂州纲银

长 112 毫米、首宽 78 毫米、腰宽 49 毫米、
厚 16 毫米

931.7 克

　　新州纲银是广南东路新州上解到湖北鄂州
（鄂州总领所）的纲银，其铭文通常刻有"新州
解发淳祐四年鄂州纲银"，说明了上供的州军，
上供时间，上供银送抵目的地。属于各路州军
按照朝廷规定的数量，时间，地点输送财赋的
特性。

1 : 0.85

8. 新州解发淳祐四年鄂州纲银拾贰两半银铤戳

戳记：京销铤银 范八郎

刻字：新州解发淳祐 / 四年鄂州纲银

长 89 毫米、首宽 59 毫米、腰宽 38 毫米、
厚 10 毫米

449 克

1 : 0.8

9. 新州解发淳祐四年鄂州纲银拾贰两半银铤

戳记：京销银 赵孙宅 重拾贰两半

刻字：新州解发淳祐 / 四年鄂州纲银

长 86 毫米、首宽 60 毫米、腰宽 40 毫米、厚 12 毫米
443 克

1 : 0.8

10. 新州解发淳祐四年鄂州纲银拾贰两半银铤

　　戳记：京销铤银 俞七郎（押记） 济南（押记）

　　刻字：新州解发淳祐 / 四年鄂州纲银

　　长 88 毫米、首宽 56 毫米、腰宽 38 毫米、厚 13 毫米

　　440.2 克

1:1

11. 新州解发淳祐四年鄂州纲银拾贰两半银铤

　　戳记：铁线巷里 重拾贰两半 □□□

　　刻字：新州解发淳祐 / 四年鄂州纲银

　　长 85 毫米、首宽 54 毫米、腰宽 39 毫米、

　　厚 11 毫米

　　435 克

1:1

12. 新州解发淳祐四年鄂州纲银拾贰两半银铤

　　刻字：新州解发淳祐 / 四年鄂州纲银

　　长 84 毫米、首宽 57 毫米、腰宽 33 毫米、厚 17 毫米

　　459.3 克

1:1

13. **新州解发淳祐四年鄂州纲银拾贰两半银铤**

　　刻字：新州解发淳祐 / 四年鄂州纲银

　　戳记：京销铤银　金三郎

　　长 87 毫米、首宽 54 毫米、腰宽 38 毫米、
　　厚 11 毫米

　　425 克

14. **新州解发淳祐二年鄂州纲银拾贰两半银铤**

　　刻字：新州解发淳祐 / 二年鄂州纲银

　　长 92 毫米、首宽 58 毫米、腰宽 46 毫米、
　　厚 13 毫米

　　437 克

1:1

1:1

15. **新州解发淳祐四年鄂州纲银拾贰两半银铤**

　　戳记：京销银　□□□□

　　刻字：新州解发淳祐 / 四年鄂州纲银

　　长 97.7 毫米、首宽 56 毫米、腰宽 38 毫米、
　　厚 12 毫米

　　480.6 克

1:1

16. 新州解发淳祐四年鄂州纲银拾两银铤

刻字：新州解发淳祐 / 四年鄂州纲银

长 92 毫米、首宽 62 毫米、宽 37 毫米、
厚 15 毫米

459 克

1 : 0.8

17. 肇庆府淳祐四年纲银拾贰两半银铤

戳记：霸北街西 旧日韩陈张二郎 重拾贰两半

刻字：肇庆府淳祐四年押纲 / 李达□□□监官

长 90 毫米、首宽 58 毫米、腰宽 39 毫米、
厚 13 毫米

468.8 克

　　肇庆府在南宋时属于广南东路，现在广东肇庆市。
肇庆府纲银上通常砸有京销铤银和京城临安地名的戳记
并刻有上供年份和监官（监督上供、税务等财政事务的
官员）字样，显示是肇庆府到京城临安的金银铺购买银
铤，随后刻上铭文，上供朝廷。

1 : 0.8

18. 肇庆府淳祐四年纲银拾贰两银铤

戳记：京销铤银 杭六郎 重拾贰两

刻字：肇庆府淳祐四年押纲 / 李达银匠谢达监官

长 91 毫米、首宽 61 毫米、腰宽 40 毫米、
厚 12 毫米

443.6 克

1 : 0.8

1 : 0.85

19. 肇庆府淳祐四年纲银拾贰两半银铤

戳记：霸北街东　京销铤银

刻字：肇庆府淳祐四年押人李达 / 监官

长88毫米、首宽63毫米、腰宽42毫米、

厚12毫米

434.5克

1 : 1

20. 肇庆府淳祐四年纲银拾贰两半银铤

戳记：霸北街东　赵孙宅　重拾贰两半

刻字：肇庆府淳祐四年押人李 / 达监官

长90毫米、首宽63毫米、腰宽44毫米、

厚12毫米

434.1克

1 : 0.85

21. 肇庆府淳祐四年纲银拾贰两半银铤

戳记：霸北街东　赵孙宅　重壹拾贰两半

刻字：肇庆府淳祐四年押纲李 / 达银匠谢达监官

长91毫米、首宽61毫米、腰宽40毫米、

厚11毫米

467克

南宋钱汇
金银铤编

22. 肇庆府淳祐四年纲银拾贰两半银铤

戳记：京销铤银

刻字：肇庆府淳祐四年押纲 / 李达匠
张王监官

长82毫米、首宽57毫米、腰宽32毫米、
厚15毫米

467克

23. 肇庆府纲银拾贰两半银铤

戳记：京销铤银 赵宅渗银 重拾贰两半

刻字：肇庆府纲银押纲李 / 达监官

长90毫米、首宽60毫米、宽41毫米、
厚13毫米

470克

1 : 0.85

24. 肇庆府淳祐四年纲银拾贰两半银铤

戳记：霸北街西 苏宅韩五郎 重拾贰两半

刻字：肇庆府淳祐四年押李 / 达银匠谢达

长90毫米、首宽60毫米、腰宽42毫米、
厚12毫米

438.6克

1 : 0.85

25. 肇庆府纲银建康御街拾贰两半银铤

戳记：建康御街　京销渗银　程二郎铺记

刻字：肇庆府银□□押 / 银人李达监官

长 91 毫米、首宽 66 毫米、腰宽 40 毫米、

厚 12 毫米

443 克

1:1

26. 肇庆府银纲拾贰两半银铤

戳记：京销铤银

刻字：肇庆府银纲 / 押银人

长 88 毫米、首宽 60 毫米、

腰宽 40 毫米、厚 15 毫米

414 克

1:1

27. 肇庆府银纲拾贰两半银铤

戳记：京销铤银　重壹拾贰两半　屠林铺

刻字：肇庆府银纲押银 / 银□银□ / 监官

长 90 毫米、首宽 62 毫米、腰宽 41 毫米、

厚 11 毫米

480 克

1:1

28. 肇庆府银跨浦桥北拾贰两半银铤

　　戳记：跨浦桥北　重壹拾贰两半　胡□郎

　　刻字：肇庆府银押银人 / 李达银匠

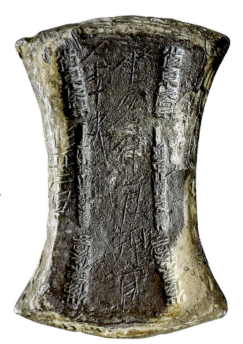

29. 肇庆府银街东桥西拾贰两半银铤

　　戳记：街东桥西　苏宅韩五郎　重拾贰两半

　　刻字：肇庆府银押银人 / 李史 / 监官

　　长 86 毫米、首宽 60 毫米、腰宽 40 毫米、

　　厚 12 毫米

　　436.7 克

1:1

30. 肇庆府银京销铤银拾贰两半银铤

　　戳记：京销铤银　王宅渗银

　　刻字：肇庆府银押银人 / 李达监官银匠

31. 肇庆府银霸北街西拾贰两半银铤

　　戳记：霸北街西 旧日苏宅张二郎

　　重拾贰两半

　　刻字：肇庆府银押银 / 人李□□□

32. 肇庆府银京销铤银拾贰两半银铤

　　戳记：京销铤银 宋二郎 重拾贰两

　　刻字：肇庆府起发银纲李 / 银匠谢达

　　长 88 毫米、首宽 60 毫米、腰宽 37 毫米、

　　厚 12 毫米

　　452 克

1 : 1

33. 肇庆府银京销铤银拾贰两半银铤

　　戳记：京销铤银 赵宅渗银 重壹拾贰两半

　　刻字：肇庆府 / 押银人

　　长 90 毫米、首宽 59 毫米、腰宽 38 毫米、

　　厚 12 毫米

　　468 克

1 : 1

34. 肇庆府银京销铤银拾贰两半银铤

戳记：京销铤银　相五郎（押记）　重壹拾贰两半

刻字：肇庆府银押银人／银□□

长 89 毫米、首宽 58 毫米、腰宽 40 毫米、
厚 12 毫米

466.1 克

1：0.85

35. 肇庆府银霸北街东拾贰两半银铤

戳记：霸北街东　赵孙宅（押记）重拾贰两半

刻字：肇庆府银押人李／达监官

长 88 毫米、首宽 59 毫米、腰宽 41 毫米、
厚 12 毫米

464 克

1：0.85

36. 梅州起发纲运银拾贰两半银铤

戳记：京销铤银　王宅

刻字：梅州起发纲运银

长 89 毫米、首宽 59 毫米、
腰宽 37 毫米、厚 10 毫米

426 克

广东运司

　　广东运司，全称广南东路转运司。转运司是负责一路的财政机构，主要负责一路的财赋及转运，即所谓"凡一路之财，置转运使掌之"。广东运司每年都需上供钱银。宋人吴泳于淳祐末年任广南东路转运使，在其著作《鹤林集》里记录了广东每年买银上供的情景："广州非产银去处，本司逐时买银起纲，铢积寸累，极是艰辛……本司一年管催十四郡上供金银，解赴湖广总领所，纲解虽办于诸郡，而银本则实隶于本司。合诸郡上供计之，共当银四万二千八百八十七两有奇，又金十五两。本司岁支银本钱四万六千六百九十八贯有奇。各郡添贴之数不与焉。"这里说的"本司岁支银本钱四万六千六百九十八贯有奇"是指购买上供银的本钱，据此可知，淳祐末年，广东运司每年支付买银和金上供的本钱近五万贯。目前发现的广东运司银铤上都有"京销铤银"和"霸北街西"等临安地名，而且"广东运司"戳记较其他戳记浅，说明是二次砸戳的，因此，该类银铤是广东转运司到临安来买的银铤用作上供。

1. 广东运司京销铤银贰拾伍两银铤

　　戳记：京销铤银　沈铺　重贰拾伍两　广东运司　黄俊验

　　长 115 毫米、首宽 80 毫米、腰宽 50 毫米、厚 20 毫米

　　923.5 克

1 : 0.8

2. 广东运司京销铤银贰拾伍两银铤

　　戳记：京销铤银　广东运司　贰拾伍两　丁宅

　　长 109 毫米、首宽 73 毫米、腰宽 50 毫米、厚 16 毫米

　　924.5 克

1 : 0.8

3. 广东运司京销细渗拾贰两半银铤

戳记：京销细渗 广东运司 杜一郎 黄俊验

长 91 毫米、首宽 61 毫米、腰宽 40 毫米、

厚 12 毫米

450 克

1:1

4. 广东运司霸东街西拾贰两半银铤

戳记：霸东街西 京销铤银 相五郎（押记）

黄俊验 广东运司

长 91 毫米、首宽 61 毫米、腰宽 42 毫米、

厚 12 毫米

457.4 克

5. 广东运司淳祐元年拾贰两半银铤

戳记：京销铤银 旧日苏韩张二郎 重拾贰两半

刻字：广东运司淳祐元年□□ / 押人何聚□盛

长 89 毫米、首宽 65 毫米、腰宽 42 毫米、

厚 12 毫米

430.2 克

1:1

1 : 0.9

6. 广东运司京销铤银拾贰两半银铤

　　戳记：京销铤银　广东运司　陈千二郎　黄俊验

　　刻字：郑茂

　　长 91 毫米、首宽 51 毫米、腰宽 41 毫米、
厚 13 毫米

　　457.7 克

7. 广东运司铁线巷南拾贰两半银铤

　　戳记：铁线巷南　广东运司　王宅　重壹拾
贰两半　□□验

　　长 90 毫米、首宽 58 毫米、腰宽 39 毫米、
厚 12 毫米

　　460 克

1 : 0.9

8. 广东运司京销铤银拾贰两半银铤

　　戳记：京销铤银　吴宅

　　刻字：广东运司

　　长 91 毫米、首宽 61 毫米、腰宽 40 毫米、
厚 12 毫米

　　448.9 克

1 : 0.9

9. 广东运司京销铤银拾贰两半银铤

戳记：京销铤银 赵孙宅 广东运司

长 88 毫米、首宽 60 毫米、

腰宽 42 毫米、厚 11 毫米

461 克

1∶1

10. 广东运司京销铤银拾贰两半银铤

戳记：京销铤银 广东运司 陈千二郎

黄俊验

刻字：郑茂

长 91 毫米、首宽 51 毫米、

腰宽 41 毫米、厚 13 毫米

457.7 克

1∶1

11. 广东运司简讼坊南拾贰两半银铤

戳记：简讼坊南 吴二郎 拾贰两半

广东运司

长 85 毫米、首宽 59 毫米、

腰宽 42 毫米、厚 11 毫米

435 克

天基圣节银

天基圣节，或称天基节，是南宋理宗赵昀（1205～1264年）的生日，开禧元年（1205年）正月初五。

宋代的地方上供有一部分是向皇帝进献财物，尤其是每逢皇帝生日，各地都要向皇帝上供祝寿财物，通常是金银、钱、丝绸、茶、香药、珍宝等等。《文献通考》中曾记载宋神宗时的圣节，各路（路是行政划区）进奉金、银、钱、帛共二十七万三千六百八贯匹两，其中金二千一百两，银一十六万五千四百五拾两。而且，宋时对上供进奉的白银有明确的重量规定。南宋庆元年间（1195～1200年）的《榷运令》规定：上供金银要用上等的成色，白银要鞘成铤，大铤伍拾两，小铤贰拾两；并在银铤上要刻明字号、官吏职位、姓名等。

目前发现的南宋银铤中以理宗天基圣节为主，时间是淳祐七年（1247年），因为理宗是生日是正月初五，所以在银铤上通常刻明上供的时间，如十月初九，十二月二十日、十二月二十一日、十二月二十二日、十二月二十七日等，由两浙路转运司、浙西常平司、浙江安吉州、泉州、镇江府、建康府、罗江军、广德军、荆湖南路等地上供的。

1. 两浙路转运司市舶案进奉伍拾两银铤

戳记：贾宣 京销 盛缣 沈执中

刻字：两浙路转运司市舶案进奉淳祐柒年 / 天基圣节银伍佰两 每铤伍拾两计壹十铤 / 十二月廿一 / 朝请郎直秘阁两浙路转运判官臣尹焕上进

此伍拾两天基圣节银是淳祐七年（1247年）十二月二十一日两浙路转运司用市舶（海关）收入折换成白银上供朝廷的。该铤中间砸有"贾宣 京销 盛缣 沈执中"等戳记，显示其原来是京城临安的金银交引铺打造的京销铤银，后被两浙路转运司买去折换市舶收入，两旁刻字"两浙路转运司市舶案进奉淳祐七年天基圣节银伍百两 每铤伍拾两计壹十铤，十二月二十一，朝请郎直秘阁两浙路转运判官□尹焕上进"清楚地交代这个上供的天基圣节银的来龙去脉，共计十铤，五百两，由朝请郎直秘阁两浙路转运判官尹焕（《临安志》记载任淳祐六年、七年两浙路转运判官）负责办理。这是目前发现的唯一一件刻有市舶字样的天基圣节银，也是一件既见证了南宋市舶司又证明了天基圣节银的收缴情况的珍贵的历史文物。

2. 泉州起发淳祐七年进奉天基圣节银
   伍拾两银铤

   刻字：泉州起发淳祐七年进奉 / 天基圣
   节银 称子董成 十二月廿二 监官 / 从
   事郎泉州录事参军赵兴□ / 专知张□
   戳记：高阳(押记) 盛缣 贾寔 沈执
   中 京销 焠熔林伯森

3. 镇江府淳祐七年进奉天基圣节银伍拾
   两银铤

   刻字：镇江府 / 今起发淳祐七年分进奉 /
   天基圣节银三百两共六铤 每铤计伍拾
   两 / 专知官臣胡靖 / 十二月十一日 / 文
   林郎镇江府录事参军臣施 / 来 / 中奉大
   夫权尚书户部侍郎淮东总领兼知镇江军
   府事臣王野 / 上进 / 十二月十一日
   戳记：京销 贾寔 沈执中 盛缣

4. 建康府淳祐七年进奉圣节银伍拾两银铤

   刻字：建康府 / 起解进奉淳祐柒年分 /
   圣节银 / 每铤重伍拾两专库王铭 / 匠人程元
   寿 / 宿 / 十月初九日 / 迪功郎建康府司户
   参军兼监赵兴德 / 文林郎建康府录事参军
   兼监张士逊
   戳记：贾寔 沈执中 京销 邢文彬
   长 148 毫米、通宽 90 毫米、厚 20 毫米
   2012 克

1 : 0.6

5. 建康府淳祐七年进奉圣节银伍拾两银铤

刻字：建康府 / 起解进奉淳祐柒年分 / 圣节银每锭重伍拾两专库王镒匠人程三□ / 来 / 十月初九日 迪功郎建康府司户参军兼监赵兴德 / 文林郎建康府録事参军兼监张士逊

戳记：京销 邢文彬 沈执中 贾寔

长 148 毫米、首宽 90 毫米、腰宽 57 毫米、厚 23 毫米

2009.3 克

　　这两件伍拾两天基圣节银铤，是建康府于淳祐七年十月初九上供的，其铭文完全一致，区别是千字文编号不同，一是宿，一是来，显示是同一批的，也说明当时上供的圣节银数量较多。

1 : 0.75

6. 荆湖南路转运司今解发淳祐七年天基圣节银伍拾两银铤

刻字：荆湖南路转运司今解发淳祐七年分 / 天基圣节银壹仟两计式拾铤 / 光字号壹铤伍拾两 / □郎□荆湖南路转运军需官文学 / □监银销 / 十二月二十

戳记：京销 沈执中 盛缣 贾寔

长 148 毫米、首宽 92 毫米、腰宽 54 毫米、厚 26 毫米

2012 克

　　荆湖南路转运司

1 : 0.75

7. 罗江军申解淳祐七年天基节银贰拾伍两银铤

刻字：罗江军申解淳祐柒年 / 天基圣节银秋字号
贰铤共重五拾两 / 行人李大珪等军资库子韦□
等 / 进义副尉申差夔州 / 云安巡检监军官黄应庚

长 111 毫米、首宽 71 毫米、腰宽 39 毫米、
厚 22 毫米

1005.73 克

　　该铤是四川罗江军于淳祐七年上供朝廷的
天基圣节银，军资库子是军资库的管理人员，
故该铤是从军资库中提取的白银上供的。

1 : 1

8. 罗江军申解淳祐七年天基节银贰拾伍两银铤

刻字：罗江军申解淳祐七年□ / 天基节银列字
号贰铤共计伍拾贰两 / 行人李大壸等军资库子黄
□□ / 进义副尉申差夔州云安巡检 / 监军官黄应庚

长 111 毫米、首宽 71 毫米、腰宽 39 毫米、
厚 22 毫米

960 克

1 : 1

9. 浙西提举常平司今发淳祐七年天基圣节贰拾伍两银铤

刻字：浙西提举常平司今起发淳祐七年分 / 天基圣节银子每铤重贰拾伍两 / 铸销匠张兴称子邱□ / 修职郎官差平江府吴县丞权司法臣赵

戳记：京销 贾寔 盛缲

长 111 毫米、首宽 74 毫米、腰宽 50 毫米、厚 16 毫米

990 克

提举常平司，掌管某一路的常平仓、广惠仓，以及免役、市易、农田水利等事务，也负有监察官吏之责。熙宁二年（1069 年）设置，是地方上推行王安石新法的重要机构。南宋沿置，后将提举茶盐司与提举常平司合并，称提举常平茶盐司。浙西是两浙西路，治所临安府（杭州），辖境相当于新安江、富春江、钱唐（塘）江以西地区以及上海、镇江、金坛、宜兴以东地区。该铤是浙西提举常平司于淳祐七年上供朝廷的天基圣节银，由平江府吴县的官员督办。

1∶1

10. 广德军进奉圣节银式拾肆两壹钱银铤

刻字：广德军进奉圣节银式拾肆两 / 壹钱元字号 / 十二月廿二 迪功郎录事参军蒋

戳记：京销 贾寔 沈执中 盛缲

长 110 毫米、首宽 76 毫米、腰宽 50 毫米、厚 16 毫米

961 克

1∶1

11. 广德军进奉圣节银式拾肆两壹钱银铤

刻字：广德军进奉圣节银式拾肆两壹钱 / 天字号 /
十二月廿七 / 迪功郎录事参军蒋

戳记：沈执中 盛缣

长 110 毫米、首宽 76 毫米、腰宽 50 毫米、
厚 16 毫米

961 克

这两件银铤是安徽广德军在十二月二十二日、
二十七日向皇室上供的祝贺皇帝生日的进奉圣节银，
其铭文并没有说明是那个皇帝的生日，但从其上供的
时间和银铤本身所显示的信息，可以肯定是理宗的天
基圣节（正月初五）。这两件银铤有两个特色，一是
表明的重量是二十四两一钱，这在南宋银铤中非常罕
见的，二是用千字文编号，在古代，人们通常是用千
字文编号。元字号，元通玄，玄是千字文之一，在银
铤中也是相当少见的。

1:1

12. 桂阳军解发圣节银拾贰两半银铤

刻字：桂阳军解发 / 圣节银四件今□□ / 儒林郎
录事参军何

戳记：贾寔 沈执中 □□□记

长 87 毫米、首宽 54 毫米、腰宽 29 毫米、
厚 12 毫米

1:1

13. 安吉州淳祐七年天基圣节银贰拾伍两银铤

戳记：霸北街西(砸平)　京销　沈执中

刻字：安吉州 / 今起发进奉淳祐柒年 / 天基圣节
银壹仟两并起发提刑司刑式佰伍拾 / 共壹仟式
佰伍拾两计伍拾叁铤前赴 / 行在左藏西交纳者 /
迪功郎安吉州州学教授权添差通判□□□ / 朝
散郎通判安吉州军事□□内权□李溢 / 朝散郎
集英殿修撰知安吉州事□兼管内劝蔡

长 107 毫米、首宽 69 毫米、腰宽 46 毫米、
厚 14.5 毫米

925 克

该铤是南宋安吉州和提刑司在淳祐七年理宗皇
帝生日时赴行在左藏西库交纳的天基圣节银，重量为
贰拾伍两，是一千二百五十两（安吉州一千两，提刑
司二百五十两）计五十三铤中的一个。该铤共计铭文
110 个字，详细记录了圣节银的来源、交纳的地方机
构、白银的数量、送达的地点和库名、负责上供的地
方官员等。是目前发现的记录最为完整的南宋银铤，
极具史料和研究价值。

1:1

司户等

　　潮州司户林，广东潮州，司户，即司户参军事，宋代各州设置司户参军，掌户籍、赋税、仓库交纳等事务。林，姓氏，即担任司户一职的人。在银铤上刻上"潮州司户林"表示该银是潮州上供朝廷的白银，且是林姓司户参军办理的。

1. 潮州司户京销铤银贰拾伍两银铤

　　戳记：京销铤银 □□

　　刻字：潮州司户林

　　长 108 毫米、首宽 74 毫米、

　　腰宽 49 毫米、厚 17 毫米

　　958 克

1:1

2. 潮州司户跨浦桥北贰拾伍两银铤

　　戳记：跨浦桥北 张百一郎 重贰拾伍两

　　刻字：潮州司户林

　　长 108 毫米、首宽 74 毫米、

　　腰宽 48 毫米、厚 17 毫米

　　960 克

1:1

3. 潮州司户柴木巷丁三郎贰拾伍两银铤

戳记：柴木巷　丁三郎　贰拾伍两

刻字：潮州司户林

长 121 毫米、首宽 78 毫米、

腰宽 52 毫米、厚 15 毫米

953 克

1 : 0.9

4. 潮州司户霸北街西贰拾伍两银铤

戳记：霸北街西　京销铤银　相五郎（押记）

刻字：潮州司户林

长 121 毫米、首宽 78 毫米、

腰宽 52 毫米、厚 15 毫米

950 克

1 : 0.9

5. 迪功郎权录事参军朱琰贰拾伍两银铤

戳记：京销银 重贰拾伍两 元宅

刻字：迪功郎权录事参朱琰□□□贰拾
伍两重

长 112 毫米、首宽 76 毫米、
腰宽 50 毫米、厚 19 毫米

979.4 克

1 : 0.7

6. 福建买银重五拾贰两银铤

刻字：福建买银重伍拾贰两 / 银验
头作□□ / 通判□官 / 司法参军陈
周□ / 匠人林崔

长 140 毫米、首宽 88 毫米、
腰宽 57 毫米、厚 27 毫米

2000.7 克

1 : 0.7

7. 隆庆府公用银伍拾两银铤

刻字：从事郎隆兴府左司理参军兼金厅
监造公用赵

戳记：万盛

长 146 毫米、首宽 94 毫米、
腰宽 50 毫米、厚 21 毫米

1955 克

　　公用钱，也称公使钱，是宋代中央及地
方政府的一项重要的专项支出，属于行政事
业经费的一种，主要用于招待往来官员、供
给地方官员的日常饮食开支、高级武官的个
人津贴、置办公共物资等。公用钱主要来源
有地方税收、各类经营收入和中央拨付。铭
文显示，该"公用"的伍拾两银铤是江西隆
兴府（南昌）的地方政府办公经费。

1 : 0.7

8. 瑞应场课利银赴都大提点司交纳贰拾伍两银铤

刻字：瑞应场课利银赴 / 都大提点司交纳

长 110 毫米、首宽 75 毫米、腰宽 48 毫米、

厚 13 毫米

801 克

　　瑞应场，南宋银矿，位于福建建宁府松溪县。课利银，即课利钱折银，这里是指银矿的课利银。提点司，全称提点坑冶铸钱司，掌矿产采炼及货币铸造。

1：1

9. 折欠银章贡府前拾贰两半银铤

戳记：章贡府前 重拾贰两半 □仲和

刻字：李迪功折欠银 / 谢德明验

长 90 毫米、首宽 59 毫米、

腰宽 40 毫米、厚 12 毫米

443.3 克

　　折欠，或称欠折，是指纲运中丢失损毁。折欠银，顾名思义是对纲运损失的赔付银。

1：0.9

10. 军资库银霸北街西拾贰两银铤

戳记：霸北街西 苏宅韩五郎

重拾贰两半

刻字：军资库银

长91毫米、宽41毫米

460克

军资库是州郡的财政管理机构，是宋代州郡最大的钱帛杂物的储藏官库，在北宋初年就已经建立，南宋林駉曾说："国初……（州郡）系省经费钱帛贮之军资库，转运总之；若属州县之财，别有州府库贮藏，听知、通备用非常；其犒馈燕设则有公使库。" 南宋京城临安府署也设有军资库，吴自牧《梦粱录》记载临安府治内设有军资库："入府治大门，左首军资库与监官衙"。临安府署是南宋京都的最高行政机关，"掌畿之事，籍其户口，均其赋役，颁其禁令"，统一京都一府九县的民政、司法、赋税、治安等事务。因此，京城的军资库是储藏地方军资库上缴中央的财物的军资总库。

1:1

11. 广东库银京销铤银拾贰两半银铤

戳记：京销铤银

刻字：广东库银 / 录事参军谢

长90毫米、首宽62毫米、腰宽40毫米、厚12毫米

450克

1:1

（二）赋税制度与税银

经总制银（含宽剩银）

经总制钱是宋代杂税经制钱和总制钱的总称，折换成银两，被称为经总制银。这种特殊的杂课有两部分组成：一部分是属于原有税项上的增税，另一部分属于移用某些财政专款改充。经总制钱并非独立的税种，是在其他征收窠（科）目上增添一定的数额或比例汇聚而成，由各州、府、军按实际征收数额起发上供，是南宋财政收入的重要来源。

经总制银银铤常以经总银、经制银或经制库银的铭文出现，通常有两大类：一类是两面刻字的伍拾两银铤，如正面铭文"武冈军今解淳祐六年夏季闰四月下季经总银参佰六十三两二分七厘大小八铤赴淮西大军库交纳"，背面铭文"朝请郎通判军事徐耘武翼郎阁门宣赞舍人知军事王克仁"；另一类是在有戳记的银铤上加刻广州、惠州、循州经制银或经制库银等。重量有贰拾伍两和拾贰两半两种。

1. 武冈军经总制银伍拾两

刻字：（正面）武冈军今解淳祐六年闰四月下
季经总银 / 三佰六十三两二分七厘大小八铤
赴淮西大军 / 库交纳；（背面）朝请郎通判军事
徐　耘 / 武翼郎阁门宣赞舍人知军事王　克仁
长 160 毫米、首宽 85 毫米、腰宽 55 毫米、
厚 20 毫米
1948 克

1 : 0.7

2. 武冈军经总制银伍拾两

刻字：（正面）武冈军今解淳祐六年
夏季经总银二 / 佰八十六两二分八
分（钱）七厘大小六铤赴淮西 / 大
军库交纳；（背面）朝请郎通判军事
徐　耜 / 武翼郎阁门宣赞舍人知军
事王　克仁

长 162 毫米、首宽 84 毫米、腰宽
54 毫米、厚 17 毫米

1960 克

1 : 0.5

3. 武冈军经总制银伍拾两

刻字：（正面）武冈军今解淳祐六年
闰四月夏季 / 经总银三佰六十三
两二分七厘大小八铤赴 / 淮西大
军库交纳；（背面）朝请郎通判军事
徐　耜 / 武翼郎阁门宣赞舍人知军
事王　克仁

长 161 毫米、首宽 84 毫米、腰宽
54 毫米、厚 19 毫米

1960 克

1 : 0.5

4. 武冈军经总制银伍拾两

刻字：（正面）武冈军今解淳祐六年夏季
交经／总银叁百八十六两二钱八分七
厘大小六铤／赴淮西大军库交纳；（背
面）朝散郎通判军事徐／武翼郎阁门宣
赞舍人知军事王
长 161 毫米、首宽 85 毫米、腰宽 54
毫米、厚 19 毫米
1960 克

1 : 0.5

**5. 武冈军解淳祐六年闰四月夏季经总
银伍拾两银铤**

刻字：（正面）武冈军今解淳祐六年闰四
月夏季经总／银三百六十三两二钱七
厘大小八铤赴淮西大军／库交纳；（背
面）朝散郎□□□□□□□□□
长 160 毫米、首宽 85 毫米、腰宽 55
毫米、厚 18 毫米
1948 克

1 : 0.5

6. 武冈军淳祐六年夏季经总银伍拾两银铤

刻字：（正面）武冈军今起发淳祐六年夏季经总／银计贰佰八十六两二钱八分七厘大小六铤赴／淮西大军库交纳；（背面）朝散郎武冈军通判事徐／武翼郎阁门宣赞使知官公事　王

长 161 毫米、首宽 83 毫米、腰宽 54 毫米、厚 17 毫米

1906.82 克

1 : 0.5

7. 武冈军解淳祐十年春经总银伍拾两银锭

刻字：武冈军今解淳祐十年春经总银二佰八十六两／二钱大小六铤赴淮西大军库交纳／承议郎通判军事胡／朝散郎武冈知军事何

长 164 毫米、首宽 84 毫米、腰宽 56 毫米、厚 20 毫米

2012 克

1 : 0.7

1:0.5

8. 武冈军淳祐六年闰四分下季经总银伍拾两银铤

刻字：武冈军今起发淳祐六年闰四月下季经总 / 银计叁佰六十叁两弍钱七厘大小八铤 / 赴淮西大军库交纳 / 朝散郎武冈军通判事 徐 / 武翼郎阁门宣赞使知官公事 王

长 161 毫米、首宽 85 毫米、腰宽 55 毫米、厚 19 毫米

1918.17 克

1:0.7

9. 郴州起解淳祐十年下半年经总银伍拾两银铤

刻字：郴州起解淳祐十年下半年经总银今遵照 / 使所行下当官用铜法则称制匠镕成 / 铤排入寅字号计肆拾玖两九钱重赴 / 淮西总领使所缴纳者 / 朝奉大夫权法遣郴州军州军曹龙

长 150 毫米、首宽 92 毫米、腰宽 59 毫米、厚 18 毫米

2012.6 克

205

1:1

10. 广州经制库银广东城南贰拾伍两

> 戳记：广东城南 木念九郎 重贰拾伍两
>
> 刻字：广州经制库银
>
> 长 110 毫米、首宽 75 毫米、腰宽 50 毫米、
>
> 厚 14 毫米
>
> 878.4 克
>
> *广州经制银*

11. 广州经制银霸西王二郎贰拾伍银铤

> 戳记：京销铤银 霸西王二郎 贰拾伍两
>
> 刻字：广州经制银
>
> 长 114 毫米、首宽 75 毫米、腰宽 52 毫米、
>
> 厚 14 毫米
>
> 942.53 克

1:1

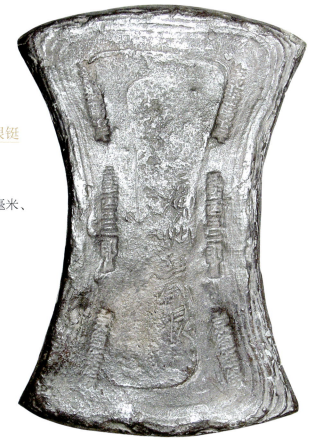

12. 广州经制银霸西王二郎贰拾伍两银铤

戳记：京销铤银　霸西王二郎

刻字：广州经制银

长 115 毫米、首宽 74 毫米、腰宽 49 毫米、

厚 16 毫米

960 克

1:1

13. 广州经制银京销铤银霸西王二郎贰拾伍两银铤

戳记：京销铤银　霸西王二郎　贰拾伍两

刻字：广州经制银

长 115 毫米、首宽 74 毫米、腰宽 50 毫米、

厚 16 毫米

965 克

1:1

14. 广州经制银京销细渗猫儿桥东贰拾伍两银铤

戳记：京销细渗 猫儿桥东 吴二郎 夏华验

刻字：广州经制银

长 110 毫米、首宽 78 毫米、腰宽 55 毫米、
厚 11 毫米

970 克

1:1

15. 广州经制银霸西王二郎贰拾伍两银铤

戳记：京销铤银 霸西王二郎 贰拾伍两

刻字：广州经制银

长 115 毫米、首宽 81 毫米、腰宽 56 毫米、
厚 16 毫米

934.5 克

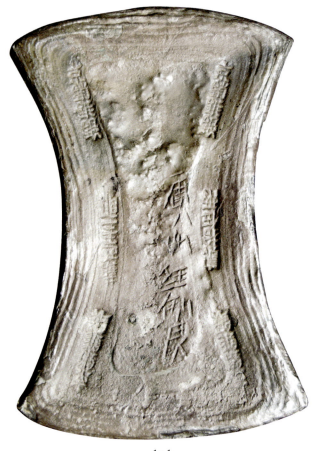

1:1

16. 广州经制银霸北街西贰拾伍两银铤

戳记：霸北街西　苏宅韩五郎　重贰拾伍两
吴震验

刻字：广州经制银

长 112 毫米、首宽 78 毫米、腰宽 51 毫米、
厚 16 毫米

927.4 克

1 : 1

17. 广州经制银霸北街东贰拾伍两银铤

戳记：霸北街东　彭铺　重贰拾伍两

刻字：广州经制银

长 112 毫米、首宽 78 毫米、腰宽 51 毫米，
厚 16 毫米

934.4 克

1 : 1

18. 广州经制库银京销铤银赵孙宅拾贰两半银铤

戳记：京销铤银　赵孙宅　重壹拾贰两半

刻字：广州经制库银

长 87 毫米、首宽 62 毫米、腰宽 41 毫米，
厚 12 毫米

453.7 克

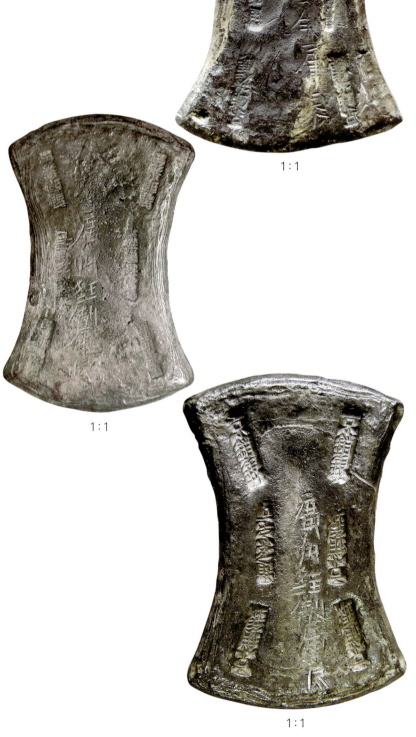

1:1

19. 广州经制库银霸头里角拾贰两半银铤

戳记：霸头里角　赵孙宅　重壹拾贰两半

刻字：广州经制库银

长 87.7 毫米、首宽 56.4 毫米、
腰宽 41.5 毫米、厚 12 毫米

463 克

1:1

20. 广州经制库银京销铤银拾贰两半银铤

戳记：京销银　赵孙宅（押记）

刻字：广州经制库银

长 89 毫米、首宽 57 毫米、
腰宽 41 毫米、厚 12 毫米

447 克

1:1

1:1

21. 广州经制库银霸北街东拾贰两半银铤

戳记：霸北街东 赵孙宅(押记) 重壹拾贰
两半

刻字：广州经制库银

长81毫米、首宽56毫米、腰宽37毫米、
厚12毫米。

441.3克

22. 广州经制库银跨浦桥北拾贰两半银铤

戳记：跨浦桥北 重拾贰两半

刻字：广州经制库银

长82毫米、首宽60毫米、
腰宽40毫米、厚12毫米

457克

1:1

23. 广州经制银霸北街东拾贰两半银铤

戳记：霸北街东 赵宅

刻字：广州经制银

长90毫米、首宽57毫米、腰宽40毫米、
厚12毫米

468克

1:1

24. 广州经制银周伯四郎记拾贰两半银铤

　　戳记：周伯四郎记
　　刻字：广州经制银

1 : 1

25. 广州经制银霸北街东赵宅拾贰两银铤

　　戳记：霸北街东　赵宅　重壹拾贰两
　　吴荣验（押记）
　　刻字：广州经制银　麦新
　　长 90 毫米、首宽 61 毫米、
　　腰宽 39 毫米、厚 12 毫米
　　451.5 克

1 : 0.9

26. 广州经制银霸东街北赵孙宅拾贰两半银铤

　　戳记：霸东街北　赵孙宅　重壹拾贰两半
　　刻字：广州经制银
　　长 81 毫米、首宽 56 毫米、
　　腰宽 37 毫米、厚 12 毫米
　　441.3 克

1 : 1

1:1

27. 广州经制银京销铤银金铺拾贰两半银铤

戳记：京销铤银 金铺 重壹拾贰两半

刻字：广州经制银

长90毫米、首宽60毫米、腰宽40毫米、厚10毫米

466.3克

1:1

28. 广州经制银霸北街东赵宅拾贰两银铤

戳记：霸北街东 赵宅 重壹拾贰两

刻字：广州经制银

长90毫米、首宽60毫米、腰宽40毫米、厚10毫米

450.1克

1:1

29. 广州经制银京销铤银霸西王二郎拾贰两半银铤

戳记：京销铤银 霸西王二郎 拾贰两半

刻字：广州经制银

长88毫米、首宽59毫米、腰宽40毫米、厚10毫米

432.1克

30. 广州经制银京销银西河铺拾贰两银铤

戳记：京销银 西河铺 拾贰两半
刻字：广州经制银
长 89 毫米、首宽 58 毫米、
腰宽 40 毫米、厚 10 毫米
437 克

1:1

31. 广州经制银京销铤银赵宅渗银拾贰两半银铤

戳记：京销铤银 赵宅渗银 重拾
贰两半 陈叶验（押记） 广东钞库
刻字：刘真 广州经制银
长 90 毫米、首宽 58 毫米、
腰宽 40 毫米、厚 11.5 毫米
449.2 克

1:1

32. 广州经制银京销银拾贰两半银铤

戳记：京销银
刻字：周展 广州经制银
长 90 毫米、首宽 58 毫米、
腰宽 40 毫米、厚 10 毫米
448 克

1:1

1:1

33. 广州经制银霸南街西相五郎拾贰两半银铤

戳记：霸南街西　相五郎（押记）

重壹拾贰两半

刻字：广州经制银

长 89 毫米、首宽 60 毫米、

腰宽 39 毫米、厚 13 毫米

456.63 克

34. 广州经制银霸北街西拾贰两半银铤

戳记：霸北街西　陈曹宅　重拾贰

两半

刻字：广州经制银

长 89 毫米、首宽 58 毫米、

宽 40 毫米、厚 15 毫米

460.93 克

1:1

35. 广州经制库银京销银拾贰两半银铤

戳记：京销银

刻字：广州经制库银

长 89 毫米、首宽 54 毫米、宽 34 毫米、

厚 17 毫米

462 克

1:1

36. 循州经制银京销铤银赵孙宅贰拾伍两银铤

戳记：京销铤银 赵孙宅 重贰拾伍两
刻字：循州经制银
长 109 毫米、首宽 74 毫米、
腰宽 50 毫米、厚 16 毫米
945 克

1∶1

37. 循州经制银铁线巷南贰拾伍两银铤

戳记：铁线巷南 朱二郎 重贰拾伍两
刻字：循州经制银
长 110 毫米、首宽 72 毫米、
腰宽 47 毫米、厚 16 毫米
953.4 克

1∶1

1:1

38. 京销铤银惠州经制银拾贰两半银铤

　　戳记：京销铤银　□宅
　　刻字：惠州经制银
　　长 88 毫米、首宽 61 毫米、腰宽 39 毫米、
　　厚 10 毫米
　　376.4 克

　　惠州经制银

39. 惠州经制银霸北街西壹拾贰两
　　重银铤

　　戳记：霸北街西　壹拾贰两重
　　刻字：惠州经制银
　　长 86 毫米、首宽 58 毫米、
　　腰宽 40 毫米、厚 12 毫米
　　450.3 克

1:1

40. 惠州经制银霸北街西拾贰两半银铤

　　戳记：霸北西街　重拾贰两半
　　刻字：惠州经制银
　　长 89 毫米、首宽 60 毫米、
　　腰宽 41 毫米、厚 11 毫米
　　437.3 克

1:1

41. 惠州经制银霸北街西拾贰两半银铤

戳记：苏宅韩五郎 重拾贰两半

刻字：惠州经制银

长 90 毫米、首宽 61 毫米、

腰宽 40 毫米、厚 11 毫米

433 克

1:1

42. 惠州经制银京兆渗银拾贰两

半银铤

戳记：京兆渗银 木念九郎

重拾贰两半

刻字：惠州经制银

长 86 毫米、首宽 57 毫米、

腰宽 37 毫米、厚 8 毫米

321 克

1:1

43. 惠州经制银霸北街西拾贰两半银铤

戳记：霸北街西 苏宅韩五郎 重壹拾

贰两半

刻字：惠州经制银

长 89 毫米、首宽 60 毫米、

腰宽 41 毫米、厚 11 毫米

403.1 克

1:1

44. 新州经总制纲银拾贰两银铤

戳记：真花铤银 京销 沈执中
盛濂 邢文彬 贾寔(葫芦押记)
刻字：新州□□行在经总制纲银
长 81 毫米、首宽 51 毫米、
腰宽 31 毫米、厚 16 毫米
389 克

1:1

附：宽剩银

宽剩银，即免役宽剩（胜）钱，是征收徭役时另加的一种收入。宋代实行免役法，或称募役法。这是宋神宗熙宁四年（1071 年）王安石变法中的一项法令。其核心就是用钱雇佣服役人员，规定原来必须轮流充役的农民可以出钱给官府以替代服役，由官府用这笔钱雇人充役，由此形成了一种制度。各州、县预计每年雇役所需经费，将差役的轻重，按户等轮充；户等的高低，按田亩、丁壮的多少而定。募役法使原来轮流充役的农村居民回乡务农，而原来享有免役特权的人户也必须交纳免役钱，官府也因此增加了一笔收入。免役宽剩钱就是这项收入中的一项，是各路、州、县依照当地差役事务繁简，自定数额，供当地费用。在定额之外另加五分之一，称免役宽剩钱，由各地存留备用。

45. 静江府宽剩银伍拾两银铤

刻字：静江府今申解宽剩银每铤
伍 / 拾两法物称子吕□□专典莫永
进从政郎静江府司理参军戴蔡正 /
儒林郎静江军节度推官周□□
长 150 毫米、首宽 98 毫米、
腰宽 55 毫米、厚 24 毫米
1979 克

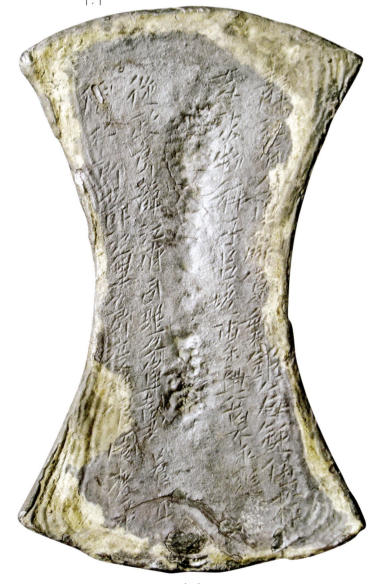

1:1

46. 静江府宽剩银伍拾两银铤

刻字：静江府今申解宽剩银每铤伍
拾 / 两法物称子吕□专典莫永进 /
从政郎静江府司理参军戴蔡正 / 儒
林郎静江军节度推官周□□
长 150 毫米、首宽 97 毫米、
腰宽 56 毫米、厚 24 毫米
1995.6 克

1：0.75

47. 静江府今申解宽剩银伍拾两银铤

刻字：静江府今申解□□银每铤伍拾 /
两法物称子吕洪专典莫永进 / 从政郎静
江府司理参军戴蔡正 / 儒林郎静江军节
度推官周□□
长 150 毫米、首宽 95 毫米、
腰宽 55 毫米、厚 20 毫米
1984 克

1：0.75

出门税

　　"出门税"银铤发现比较多，其铭文多为戳记且比较简单，通常为"银匠名＋出门税"。从字面上理解是行商出入城门缴纳的税项，属于商税。考古发现，出门税银铤多发现于河南、江苏、安徽、陕西等地。绍兴和议后，宋、金以淮河为界。为了发展经济，维持边界和平，双方在淮河两岸设立了许多供互市贸易的榷场。南宋一方有盱眙军场、光州光山县中渡市场、安丰军花靥镇场、随州枣阳县场、襄阳邓城镇场、天水军场等六个榷场。金方有泗州场、寿州场、颖州场、息州场、蔡州场、唐州场、邓州场、凤翔场、秦州西子城场、巩州场、洮州场、密州胶西场等十二个榷场。榷场的设立给双方都带来了很大的利益。

　　因此，出门税是活跃在南宋与金的边界地区的商业税种，"出门税"银铤是南宋和金代边境贸易的见证物。

1. 出门税南刘教铺伍拾两银铤

　　戳记：南刘教铺　真花铤银　出门税

　　长 162 毫米、首宽 88 毫米、

　　腰宽 62 毫米、厚 19 毫米

　　1995 克

1 : 0.6

2. 出门税朱钱家真花铤银伍拾两银铤

　　戳记：朱钱家　真花铤银　出门税

　　长 163 毫米、首宽 89 毫米、

　　腰宽 63 毫米、厚 19 毫米

　　1910 克

1 : 0.6

3. 出门税真聂二助聚□伍拾两银铤

戳记：真聂二助聚（押记） 出门税

聂二助聚（押记）

长 163 毫米、首宽 86 毫米、

腰宽 63 毫米、厚 19 毫米

1982 克

1 : 0.7

4. 出门税王九助聚伍拾两银铤

戳记：王九助聚 出门税

长 160 毫米、首宽 82 毫米、

腰宽 65 毫米、厚 17 毫米

1970 克

1 : 0.7

5. 出门税林念三郎伍拾两银铤

截记：林念三郎　出门税
长 160 毫米、首宽 82 毫米、
腰宽 65 毫米、厚 17 毫米
1955 克

1 : 0.7

6. 出门税许三聚助贰拾伍两银铤

截记：许三聚助　真花铤银　出门税
长 120 毫米、首宽 72 毫米、
腰宽 50 毫米、厚 17 毫米
963 克

1 : 1

7. 出门税真聂二助聚贰拾伍两银铤

 戳记：真聂二助聚（押记）出门税

 长 120 毫米、首宽 70 毫米、

 腰宽 48 毫米、厚 17 毫米

 971 克

1:1

8. 出门税薛韩宅贰拾伍两银铤

 戳记：出门税 薛韩宅（押记）

 长 115 毫米、首宽 75 毫米、

 腰宽 51 毫米、厚 17 毫米

 965 克

1:1

9. 出门税马丁家贰拾伍两银铤

　　戳记：出门税　马丁家

　　长 120 毫米、首宽 70 毫米、

　　腰宽 48 毫米、厚 17 毫米

　　960 克

1∶1

10. 出门税许三助聚真花银贰拾伍两银铤

　　戳记：许三助聚　真花银　出门税

　　长 120 毫米、首宽 70 毫米、

　　腰宽 48 毫米、厚 17 毫米

　　977 克

1∶1

11. 出门税王念二郎贰拾伍两银铤

戳记：出门税 王念二郎 重贰拾伍两
李□郎

12. 出门税李念三贰拾伍两银铤

戳记：出门税 李念三 葫芦印
长 114 毫米、首宽 74 毫米、
腰宽 46 毫米、厚 16 毫米
960 克

1 : 0.75

1 : 0.65

13. 出门税真陈宅贰拾伍两银铤

戳记：出门税　徐彦　真陈宅
徐晏　戴□　刘政　（葫芦印）
长 116 毫米、首宽 75 毫米、
腰宽 50 毫米、厚 15 毫米
975 克

14. 出门税麦□巷口李待诏贰拾伍两银铤

戳记：出门税　麦□巷口　李待诏
长 120 毫米、首宽 68 毫米、
腰宽 49 毫米、
厚 14 毫米
972 克

待诏，原意为等待诏命，汉代成为官
名，为特异者待诏金马门，以备皇帝顾问；
唐代引申为拥有特殊才能、待命供奉内廷的
人；宋元时期，发展为对有特殊工艺技术的
工匠的尊称。意思是这个银铤的李姓待诏铸
造的。

1 : 0.65

15. 出门税聂圭贰拾伍两银铤

戳记：出门税　聂圭
长 128 毫米、首宽 72 毫米、
腰宽 49 毫米、厚 14 毫米
976 克

1 : 0.85

16. 出门税北朱小二郎贰拾伍两银铤

戳记：北朱小二郎　出门税

长 100 毫米、首宽 64 毫米、

腰宽 44 毫米、厚 15 毫米

971 克

1 : 0.8

17. 出门税拾贰两半银铤

戳记：出门税

长 85 毫米、宽 58 毫米

1987 年江苏金坛茅山窖藏出土

1 : 0.8

18. 出门税南唐家贰拾伍两银铤

戳记：南唐铺　出门税

长 127 毫米、首宽 70 毫米、

腰宽 47 毫米、厚 13 毫米

978 克

1 : 0.7

19. 出门税京销铤银二十五两银铤

戳记：出门税　京销铤银　葫芦印

长 112 毫米、首宽 71 毫米 、

腰宽 47 毫米、厚 16.5 毫米

979.5 克

1 : 0.7

20. 出门税张三九郎贰拾伍两银铤
　　戳记：张三九郎　出门税　重贰拾伍两

21. 出门税刘二郎贰拾伍两银铤
　　戳记：真花银　出门税　刘二郎

22. 出门税济南府真花银贰拾伍两银铤
　　戳记：济南府　真花银　出门税　王家铺
　　988.9 克

23. 出门税赵英助银拾贰两半银铤
　　戳记：出门税　真花铤银　赵英助银
　　长 92 毫米、首宽 62 毫米、
　　腰宽 42 毫米、厚 13 毫米
　　472 克

1:1

免丁银

免丁银是由免丁钱折换成的银两。免丁钱在宋时有两种称谓：一是免夫钱，二是僧道免丁钱。

免夫钱是从夫役演化而来，是一种非定期的赋税，是政府向应服夫役的民丁征收的代役钱。

僧道免丁钱是南宋绍兴十五年（1145年）创立了一项专门向释人道士徒征收的人丁税，按僧道的等级分六等征收。"僧、道士免丁钱者，绍兴十五年始取之。自十五千至二千，凡九等，大率律院散僧丁五千，禅寺僧、宫观道士、散众丁三千，长老、知观、知事、法师有紫衣、师号者，皆次第增钱，六字、四字师号者，又倍。于是岁入缗钱约五十万，隶上供。"[1] 仅一年就征得五十万贯钱上供朝廷，实属不少。乾道六年（1170年）以后，僧道免丁钱归入经总制钱。

南宋银铤中的免丁银多为僧道免丁银，来自于泉州、永州、全州、桂阳军、潮州等地，是上解京师或淮西总领所的。

1. 泉州起发淳祐六年□□称子董成免丁银伍拾两银铤

戳记：京销 贾寔 盛缣 申宅（押记）
沈执中 烁熔林伯森

刻字：免丁银 / 泉州起发淳祐六年上限 秤子董 / 监官 / 迪功郎前晋江县尉权节推臣王洧 / 专知王忠

长 138 毫米、首宽 95 毫米、
腰宽 62 毫米、厚 20 毫米
1904 克

1 : 0.65

2. 泉州起发淳祐六年免丁银伍拾两银铤

戳记：贾寔 盛缣 济南（押记） 沈执中 烁熔林伯森

刻字：泉州起发淳祐六年上限 / 免丁银 秤子董 / 监官 / 迪功郎前晋江县尉权节推臣王洧 / 专知王忠

长 136 毫米、首宽 93 毫米、
腰宽 61 毫米、厚 22 毫米
1909.1 克

1 : 0.65

---

1 李心传：《建炎以来朝野杂记》甲集卷十五《财赋二》。

3. 武冈军淳祐□年僧道免丁银叁拾伍两银铤

刻字：武冈军今解淳祐□年□□僧
道免丁银三十五（两）九钱一分共壹
铤赴淮西大军库交纳
长 162.3 毫米、首宽 84.3 毫米、
腰宽 54.5 毫米、厚 14.7 毫米
1431 克

1 : 0.65

4. 永州申解宝祐二年下半年免丁贰拾伍两银铤

刻字：永州申解宝祐二年下半年
免丁 / □直郎永州军事判官赵拜
奇监销 / □拾伍铤每铤重贰拾伍
两　张则
长 114 毫米、首宽 90 毫米、
腰宽 43 毫米、厚 22 毫米
998.7 克

1 : 0.75

5. 永州淳祐十年春免丁银贰拾伍两银铤

刻字：永州今申解淳祐十一年春 / 从政郎永州
录事参军刘来铺 / 免丁银每铤计式拾伍两□
长 109 毫米、首宽 76 毫米、
腰宽 43 毫米、厚 18 毫米
1006 克

1 : 0.75

6. 郴州起发淳祐三年上半年免丁银拾两银铤

刻字：郴州起发淳祐三年上半年 /
免丁银赴 / 淮西总领使所
长 88 毫米、首宽 57 毫米、
腰宽 32 毫米、厚 15 毫米
483 克

7. 永州今申解淳祐六年免丁夏季每铤贰拾伍两

刻字：永州今申解淳祐六年免丁夏
季 / 每铤贰拾伍两监官 / 从事郎永
州军事推官
长 109 毫米、首宽 76 毫米、
腰宽 40 毫米、厚 18 毫米
1004 克

8. 桂阳军免丁银京销铤银拾贰两半银铤

戳记：京销铤银
刻字：桂阳军免丁银官（押记）
长 90 毫米、首宽 60 毫米、
腰宽 38 毫米、厚 15 毫米
487 克

1 : 0.9

9. **桂阳军免丁银官京销铤银拾贰两半银铤**

   戳记：京销铤银

   刻字：桂阳军免丁银官（押记）

   长 89 毫米、首宽 56 毫米、

   腰宽 36 毫米、厚 12 毫米

   463 克

10. **潮州免丁银拾贰两半银铤**

    戳记：京销铤银　朱二郎　重拾贰两半

    刻字：潮州□□免丁银

    长 83 毫米、首宽 55 毫米、

    腰宽 39 毫米、厚 12 毫米

    411.9 克

1:1

11. **淳祐十年永州僧道免丁贰拾壹两银铤**

    刻字：永州申解淳祐拾年夏季僧道免 / 丁
    统制官供给零银重贰拾 / 从政郎永州录事
    参军监销杨应和 / 壹两陆钱陆分陆厘

    长 106 毫米、首宽 74 毫米、

    腰宽 44 毫米、厚 15 毫米

    756 克

1:0.9

纲米和籴本纲

纲米，纲即纲运，将上供税米折银编纲运送叫纲米。

1. 潮州纲米拾贰两半银铤

戳记：霸北街东 京销铤银 赵孙宅（押
记）广东□□

刻字：潮州陈康信□□□ / 纲米

长 86 毫米、首宽 56 毫米、
腰宽 31 毫米、厚 12 毫米

472.8 克

1:1

2. 广东盐司籴本纲拾贰两半银铤

戳记：霸北街西 广东钞库 严成验
□□□□

刻字：广东盐司籴本纲官王□

长 89.7 毫米、首宽 58 毫米、
腰宽 44.2 毫米、厚 13.8 毫米

465 克

广东盐司，即广南东路提举茶盐司，
为宋时在路一级行政区设立的专门办理盐
茶专卖事务的机构。籴本，即官方买粮的
经费，由两部分构成，一是由中央直接支
拨籴本，二是由中央支付茶盐钱等钞引籴
买。《建炎以来系年要录》卷一八五记载：
"绍兴三十年五月丙戌，出内库银十万两，
下两浙转运司籴马料大麦。……戊子，赐
江东转运司银七万两，籴大麦二十万角
斗。"籴本纲，就是将作为籴本的银铤编
纲起运。可见，该铤是广东提举茶盐司经
办的籴本纲银铤，是提用广东卖钞库的银
铤，再刻上"广东盐司籴本纲"等字样，
用做购买粮食的本金。

1:1

（三）专卖制度和专卖收入折银

卖钞库

宋代的专卖品主要有盐、酒、茶、香、矾等。北宋时期，专卖收入与田赋收入基本持平，二者都是国家财政收入的主要部分；南宋时期，版图缩小，田赋收入减少，专卖收入成为国家财政收入中的重要部分，其中又以盐榷最为主要。

盐钞是一种支盐贩卖的信用票据，基本功能是"用钞请盐"。盐商贩盐向官府入中钱货，官府发给盐钞；商人持盐钞到指定地点折支食盐进行贩卖。

钞库，即卖钞库，是买卖兑换盐钞的机构。广东钞库是设立在广东的卖钞库，专门承接广东地区盐钞的印发、买卖、兑换等业务。砸有"广东钞库"字样的银铤有以下一些特征：1．都是带戳记的银铤；2．戳记内容大多是京销铤银和临安地名；3．和钞铺名、验色标记一起显现，且这些戳记多为浅打；4．目前发现只有贰拾伍两和拾贰两半两种形制，以拾贰两半多见。这些信息告诉我们，这些广东钞库银铤的原产地是临安城的金银交引铺，是作为特殊商品被需要买盐钞的客商拿到广东卖钞库交易盐钞。换句话说，是用作盐钞的买卖。戳记"钞铺××"和"××验"是说明经过钞铺检验成色，梁平、吴震等是验色人，验的是成色，所以"××验"是检验成色的标记，说明这些银铤是经过钞铺或钞库严格检验后再加盖"广东钞库"的戳记上交朝廷。

1. 广东钞库霸北街东贰拾伍两银铤

戳记：霸北街东　苏宅韩五郎　广东钞库　重贰拾伍两　梁平验□

长113毫米、首宽76毫米、腰宽49毫米、厚15毫米

937克

1：0.7

2. 广州钞库霸北街西贰拾伍两银铤

戳记：霸北街西　旧日苏韩张二郎　广东钞库　钞铺　重贰拾伍两　梁平验□

长109毫米、首宽72毫米、腰宽49毫米、厚16毫米

935.5克

1：0.7

3. 广州钞库京销银贰拾伍两银铤

戳记：京销银　广州钞库　霸西陆宅
贰拾伍两
长 111 毫米、首宽 75 毫米、
腰宽 50 毫米、厚 15 毫米
946 克

1 : 0.7

4. 广州钞库霸北街西贰拾伍两银铤

戳记：霸北街西　旧日苏韩张二郎
广州钞库　重贰拾伍两
长 108 毫米、首宽 74 毫米、
腰宽 48 毫米、厚 17 毫米
960 克

1 : 0.7

5. 广州钞库霸南街东贰拾伍两银铤

戳记：霸南街东　广州钞库　京销铤银
金三郎　梁平验(押记)钞铺　□□
长 108 毫米、首宽 72 毫米、
腰宽 48 毫米、厚 17 毫米
890 克

1 : 0.8

6. **广州钞库霸北街东贰拾伍两银铤**
   戳记：霸北街东　苏宅韩五郎　重贰
   拾伍两　广东钞库　吴震验(押记)
   长 108 毫米、首宽 72 毫米、
   腰宽 48 毫米、厚 17 毫米
   929 克

1：0.8

7. **广东钞库霸北街西贰拾伍两银铤**
   戳记：霸北街西　旧日苏韩张二郎
   广东钞库　重贰拾贰两　吴震验(押记)
   长 118 毫米、首宽 73 毫米、
   腰宽 57 毫米、厚 16 毫米
   970 克

1：0.8

8. **广东钞库贰拾伍两银铤**
   戳记：广东钞库　钞铺　□□□
   长 110 毫米、首宽 74 毫米、
   腰宽 41 毫米、厚 20 毫米
   946 克

1：0.8

9. 广东钞库程二郎记贰拾伍两银铤

戳记：广东钞库 程二郎记 □□
长 114 毫米、首宽 79 毫米、
腰宽 43 毫米、厚 23 毫米
937.9 克

1：0.8

10. 广州钞库张家记贰拾伍两银铤

铭文：□张家记 广东钞库
吴震验讫
长 115 毫米、首宽 79 毫米、
腰宽 44 毫米、厚 19 毫米
934 克

1：0.8

11. 广东钞库朱一郎贰拾伍两银铤

戳记：广东钞库 朱一郎 张□
吴震验(押记)
长 115 毫米、首宽 72 毫米、
腰宽 38 毫米、厚 22 毫米
1034.06 克

1：0.8

12. 广州钞库霸北街西拾贰两半银铤

　　戳记：霸北街西　京销渗银　壹拾贰两
　　半　梁平验　广东钞库　钞铺朱明
　　刻字：坤公羍
　　长 86 毫米、首宽 60 毫米、
　　腰宽 42 毫米、厚 11 毫米
　　450 克

1:1

13. 广东钞库拾贰两半银铤

　　戳记：广东钞库　钞铺黎金（押
　　记）　梁平验
　　长 90 毫米、首宽 56 毫米、
　　腰宽 33 毫米、厚 15 毫米
　　450 克

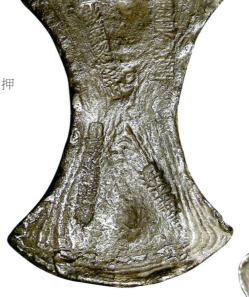

1:1

14. 广东钞库拾贰两半银铤

　　戳记：广东钞库　梁平验（押记）
　　钞铺　□□□
　　刻字：戴名卿
　　长 87 毫米、首宽 61 毫米、
　　腰宽 39 毫米、厚 16 毫米
　　400 克

1:1

15. 广东钞库京销铤银拾贰两半银铤

戳记：京销铤银　广东钞库　丁铺

长 89 毫米、首宽 60 毫米、

腰宽 38 毫米、厚 12 毫米

414.7 克

1:1

16. 广东钞库京销铤银拾贰两半银铤

戳记：京销铤银　广东钞库

梁平验(押记)

刻字：南安军蔡照

长 88 毫米、首宽 56 毫米、

腰宽 31 毫米、厚 12 毫米

472 克

1:1

17. 广东钞库铁线巷拾贰两半银铤

戳记：铁线巷　钞铺黎金(押记)　广东钞库

梁平验(押记)　重壹拾贰两半　顾铺铤银

刻字：侯应龙

长 92 毫米、首宽 64 毫米、腰宽 42 毫米、

厚 12 毫米

444.9 克

1:1

1:1

18. 广东钞库霸北街西拾贰两半银铤

　　戳记：霸北街西 钞铺黎金（押记） 广东钞库
梁平验（押记） 苏宅韩五郎 重拾贰两半
　　刻字：何肖讫
　　长 88 毫米、首宽 61 毫米、
腰宽 43 毫米、厚 12 毫米
　　454.9 克

19. 广东钞库京销铤银拾贰两半银铤

　　戳记：京销铤银 广东钞库 钞铺黎
金（押记） 梁平验（押记） 葫芦印
　　刻字：侯□□
　　长 85 毫米、首宽 55 毫米、
腰宽 32 毫米、厚 13 毫米
　　421 克

1:1

20. 广东钞库拾贰两半银铤

　　戳记：广东钞库 梁平验
钞铺 □□□
　　刻字：戴名卿
　　长 87 毫米、首宽 61 毫米、
腰宽 39 毫米、厚 16 毫米
　　400 克

1:1

21. 广东钞库京销铤银拾贰两半银铤

戳记：霸北街西　王五郎　京销铤银
广东钞库　梁平验(押记)
刻字：从事郎录参赵
长 86 毫米、首宽 54 毫米、
腰宽 34 毫米、厚 14 毫米
429 克

1:1

**22. 广东钞库京销铤银赵宅渗银拾
贰两银铤**

戳记：京销铤银　赵宅渗银　广东
钞库　梁平验(押记)　钞铺朱礼
刻字：侯必□
长 86 毫米、首宽 63 毫米、
宽 40 毫米、厚 13 毫米
453 克

1:1

23. 广东钞库霸北街东拾贰两半银铤

戳记：霸北街东　广东钞库　赵孙宅
重拾贰两半　梁平验(押记)　钞铺朱礼
长 87 毫米、首宽 62 毫米、
腰宽 44 毫米、厚 12 毫米
442.5 克

1:1

24. **广东钞库京销铤银丁宅拾贰两半银铤**

戳记：京销铤银　丁宅　钞铺黎金

梁平验（押记）　广东钞库

刻字：陈彦昭

长 91 毫米、首宽 59 毫米、

腰宽 41 毫米、厚 12 毫米

452.6 克

1:1

25. **广东钞库霸北街东赵孙宅拾**

　　贰两半银铤

戳记：霸北街东　赵孙宅　钞铺朱

朋　重拾贰两半　广东钞库　梁平

验（押记）

刻字：成信卿

长 85 毫米、首宽 60 毫米、

腰宽 42 毫米

370 克

1:1

26. **广东钞库京销铤银周五乙郎铺**

　　拾贰两半银铤

戳记：京销铤银　周五乙郎铺

钞铺朱礼　广东钞库　梁平验（押记）

刻字：成信□

长 87 毫米、首宽 58 毫米、

宽 40 毫米、厚 13 毫米

472.13 克

1:1

27. 广东钞库霸西王二郎拾贰两半银铤

戳记：霸北街西 京销铤银 霸西王二郎
钞铺朱礼 广东钞库 平验

刻字：成信卿

长 89 毫米、首宽 56 毫米、
宽 40 毫米、厚 13 毫米

414.8 克

1:1

28. 广东钞库霸北街西拾贰两银铤

戳记：霸北街西 广东钞库 钞铺
黎金(押记) □□□□重拾贰两
半 梁平验(押记)

刻字：侯应龙

长 89 毫米、首宽 59 毫米、
腰宽 40 毫米、厚 13 毫米

443.6 克

29. 广东钞库铁线巷京销铤银拾贰两
半银铤

戳记：铁线巷 京销铤银 林六郎
广东钞库 钞铺朱朋 梁平验(押记)

刻字：凌元章

长 89 毫米、首宽 59 毫米、
腰宽 40 毫米、厚 11 毫米

474 克

1:1

1:1

30. 广东钞库隆兴渗银拾贰两半银铤

戳记：隆兴渗银　广东钞库　梁平验
（押记）

刻字：南安黄浩

长 89 毫米、首宽 59 毫米、
腰宽 40 毫米、厚 11 毫米

474 克

1：0.9

31. 广东钞库煎销花铤银拾两银铤

戳记：煎销花铤银　杜家　梁平验
（押记）黎金（押记）广东钞库

刻字：侯应龙

长 85 毫米、首宽 53 毫米、
腰宽 20 毫米、厚 16 毫米

442 克

**32. 广东钞库京销铤银赵孙宅拾贰
两半银铤**

戳记：京销铤银　赵孙宅　广东钞
库　钞铺黎金（押记）梁平验（押记）

刻字：侯应□

长 86 毫米、首宽 60 毫米、
腰宽 39 毫米、厚 10 毫米

392 克

1：1

33. 广东钞库真花银拾贰两半银铤

戳记：真花银　广东钞库　钞铺黎金（押
记）　双葫芦印

刻字：陈彦昭

长 90 毫米、首宽 56 毫米、
腰宽 33 毫米、厚 15 毫米。

458 克

1:1

**34. 广东钞库京销铤银霸南街西拾
贰两半银铤**

戳记：京销铤银　霸南街西　相五
郎（押记）　广东钞库　梁平验（押
记）　钞铺朱礼

长 88 毫米、首宽 58 毫米、
腰宽 37 毫米、厚 12 毫米

464.4 克

**35. 广东钞库铁线巷京销铤银拾贰两
半银铤**

戳记：铁线巷　京销铤银　林六郎
广东钞库　梁平验（押记）　钞铺朱礼

刻字：凌元章

长 89 毫米、首宽 60 毫米、
腰宽 38 毫米、厚 12 毫米

414.7 克

1:1

1:1

36. 广东钞库王念二郎记拾贰两半银铤

戳记：王念二郎记 双葫芦印 梁平验(押
记) 广东钞库

刻字：侯应龙

长 82 毫米、首宽毫 54 米 腰宽 28 毫米、
厚 12 毫米

414.2 克

1:1

37. 广东钞库霸西丁三记拾贰两半银铤

戳记：□□丁一记 广东钞库

梁平验(押记) 黎金(押记)

刻字：侯□验

长 85 毫米、首宽 53 毫米、
腰宽 31 毫米、厚 12 毫米

434.1 克

1:1

38. 广东钞库京销渗银赵孙宅拾贰
两半银铤

戳记：京销渗银 赵孙宅 钞铺黎
金(押记) 重壹拾贰两半 梁平验
(押记) 广东钞库

刻字：陈彦昭

长 85 毫米、首宽 58 毫米、
腰宽 38 毫米、厚 12 毫米

443.6 克

1:1

39. 广东钞库京销铤银左郜宅拾贰两半银铤

戳记：京销铤银　壹拾贰两半　左
郜宅　广东钞库　钞铺朱礼　梁平验
（押记）

刻字：黄□庆

长 90 毫米、首宽 55 毫米、
腰宽 37 毫米、厚 12 毫米

466.4 克

1:1

40. 广东钞库京销铤银赵宅渗银拾贰两半银铤

戳记：京销铤银　壹拾贰两半　广东钞库　梁平
验（押记）　赵宅渗银　钞铺朱礼

刻字：侯□□□

长 88 毫米、首宽 58 毫米、
腰宽 40 毫米、厚 12 毫米

465.5 克

1:1

41. 广东钞库钞铺朱礼拾贰两半银铤

戳记：钞铺朱礼　梁平验（押记）
广东钞库

刻字：陈必泰

长 88 毫米、首宽 56 毫米、
腰宽 31 毫米、厚 12 毫米

472.8 克

1:1

1:1

42. 广东钞库霸北街东拾贰两半银铤

　　戳记：霸北街东　真花银　拾贰两半
　　广东钞库　梁平验（押记）
　　刻字：南安黄浩
　　长 88 毫米、首宽 56 毫米、
　　腰宽 40 毫米、厚 11 毫米
　　470 克

43. 广东钞库京销铤银拾贰两半银铤

　　戳记：京销铤银　霸西王二郎　广东钞
　　库　钞铺朱礼　梁平验（押记）
　　刻字：陈必泰
　　长 89 毫米、首宽 56 毫米、
　　腰宽 40 毫米、厚 11 毫米
　　470 克

1:1

44. 广东钞库霸北街西拾贰两半银铤

　　戳记：霸北街西　重拾贰两半
　　广东钞库　钞铺朱朋
　　刻字：神公学
　　长 88 毫米、首宽 56 毫米、
　　腰宽 40 毫米、厚 11 毫米
　　470 克

1:1

45. 广东钞库真花银拾贰两半银铤

戳记：真花银 壹拾贰两 金一郎银
广东钞库 钞铺黎金(押记) 梁平验(押记)
刻字：何止□验
长 88 毫米、首宽 56 毫米、
腰宽 40 毫米、厚 11 毫米
470 克

1:1

46. 广东钞库霸北街西京销铤银拾
　　贰两半银铤

戳记：霸北街西 京销铤银 赵孙
宅 广东钞库 钞铺朱礼 梁平验
（押记）
刻字：黄□庆
长 88 毫米、首宽 56 毫米、
腰宽 40 毫米、厚 11 毫米
470 克

1:1

47. 广东提举司十一年上半年卖钞
　　银拾贰两半银铤

戳记：京销铤银 广东钞库 赵孙
宅 钞铺余盛 重拾贰两半
刻字：广东提举司十一年上半年 /
卖钞银押人张德
长 86 毫米、首宽 60 毫米、
腰宽 39 毫米、厚 10 毫米
410 克

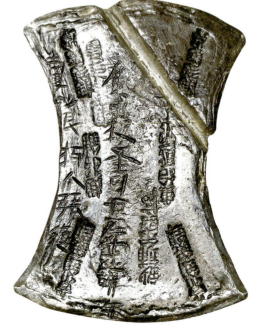

1:1

48. 广东提举司京销铤银拾贰两半银铤

戳记：京销铤银　重拾贰两半　吴震验
（押记）

刻字：广东提举司十一年上半／年卖钞库
押人□□／杨俊卿

长89毫米、首宽60毫米、
腰宽41毫米、厚11.32毫米
425克

1:1

49. 广东钞库京销银拾贰两银铤

戳记：京销银　赵孙宅（押记）　重拾
贰两　广东钞库　钞铺朱朋□　梁平
验（押记）　□□□

刻字：□元盛

长84毫米、首宽58毫米、
腰宽41毫米、厚10毫米
394.4克

1:1

50. 广东钞库京销银拾贰两半银铤

戳记：京销银　钞铺黎金（押记）
□□宅　盛谦　广东钞库　梁平验
（押记）　葫芦印

刻字：十二□□

长87毫米、首宽59毫米、
腰宽39毫米、厚11毫米
445克

1:1

51. 广东钞库京销铤银拾贰两半银铤
戳记：京销铤银　梁平验（押记）
广东钞库　黎全（押记）
刻字：侯应龙
长 89 毫米、首宽 59 毫米、
腰宽 32 毫米、厚 15.5 毫米
476 克

1:1

52. 广东钞库钞铺朱朋拾贰两半银铤
戳记：广东钞库　钞铺朱朋（押记）
梁平验（押记）
长 88 毫米、首宽 59 毫米、
腰宽 39 毫米、厚 16 毫米
400 克

1:1

53. 广东钞库京销铤银左郜宅拾贰
两半银铤
戳记：京销铤银　广东钞库　左郜
宅　壹拾贰两半　梁平验（押记）　钞
库朱朋（押记）
刻字：黄囗庆
长 87 毫米、首宽 59 毫米、
腰宽 39 毫米、厚 13 毫米
455 克

1:1

市舶司银

1. 两浙路转运司市舶案进奉伍拾两银铤

戳记：贾寔 京销 盛缣 沈执中刻字：两浙
路转运司市舶案进奉淳祐七年 / 天基圣节银
伍佰两每铤伍拾两计壹拾铤 / 十二月廿一 /
朝请郎直秘阁两浙路转运判官□尹焕上进

1:0.5

2. 广南市舶司起发畸零银拾贰两半银铤

戳记：霸北街西 苏宅韩五郎
重拾贰两半 京销 杨瑞 韩宗记
刻字：广南市舶司 / 起发畸零银
/ 监官 / 何成 / 翟良□
长 89 毫米、首宽 60 毫米、
腰宽 38 毫米、厚 11 毫米
459 克

1:1

3. 舶司起发水脚银拾贰两半银铤

戳记：京销铤银 霸北韩宅 京销
广东钞库 钞铺朱礼(押记)
刻字：舶市起发 / □□ / 水脚银 / 监
官□□ 谢仲永 / 一日八日
长 89 毫米、首宽 57 毫米、
腰宽 37 毫米、厚 11 毫米
448 克

1:1

4. 道州通判厅起发淳祐六年上半年
马司银伍拾两银铤

刻字：道州起淳祐六年上半年马司
银每 / 铤重伍拾两赴 / 淮西总使所
交纳专库□□ / 迪功郎道州录事参
军廖 / 朝请郎知道州军州事李

长 143 毫米、首宽 95 毫米、
腰宽 59 毫米、厚 28 毫米
1940 克

1 : 0.8

5. 道州通判厅起发淳祐六年上半年
马司银伍拾两银铤

刻字：道州起淳祐六年上半年马司
银每 / 铤重伍拾两赴 / 淮西总使所
交纳专库李俊□佐 / 迪功郎道州录
事参军廖 / 朝请郎知道州军州事李

长 143 毫米、首宽 95 毫米、
腰宽 59 毫米、厚 28 毫米
1944 克

1 : 0.8

6. 道州起发淳祐七年上半年马司银伍拾两银铤

刻字：道州起发淳祐七年上半年马司银每 / 铤伍拾两赴 / 淮西总领所交纳……佐 / 迪功郎道州录事参军廖 / 朝请郎知道州军州事李

长 147 毫米、首宽 99 毫米、腰宽 59 毫米、厚 28 毫米

1990.6 克

1 : 0.8

7. 道州通判厅起发淳祐九年冬马司银伍拾两银铤

刻字：道州通判厅发起淳祐九年冬 / 马司银每铤重伍拾两赴淮西总 / 领所交纳专库张□□等 / 从事郎道州军事判官权司法黄□□

长 144 毫米、首宽 96 毫米、腰宽 59 毫米、厚 28 毫米

1934 克

1 : 0.8

8. 道州通判厅起发淳祐六年上半年
马司银伍拾两银铤

刻字：道州起淳祐六年上半年马司
银 / 每铤重伍拾两赴 / 淮西总使所
交纳专库李俊蒋佐 / 迪功郎道州录
事参军廖 朝请郎知道州军州事李
长 144 毫米、首宽 95 毫米、
腰宽 58 毫米、厚 23 毫米
1968 克

1 : 0.8

9. 永州秋季马司银贰拾伍两银铤

刻字：永州通判申解秋季马银 / 壹铤
计贰拾伍两 / 天字号秤子唐深经荣 /
奉议郎通判永州事张仲
长 109 毫米、首宽 76 毫米、
腰宽 44 毫米、厚 22 毫米
1002 克

1 : 1

10. 永州秋季马司银贰拾伍两银铤

刻字：永州通判申解秋季马司银 / 壹
铤计贰拾伍两 / 地字号秤子唐深经荣
/ 奉议郎通判永州事张仲
长 109 毫米、首宽 76 毫米、
腰宽 44 毫米、厚 22 毫米
1002 克

1:08

**11. 永州申解秋季马司银贰拾伍两
银铤**

刻字：永州通申解秋季马司银壹
铤 / 重贰拾伍两 / 荒字号秤子唐深
绍荣 / 奉议郎永州通判事张仲
长 109 毫米、首宽 80 毫米、
腰宽 48 毫米、厚 21 毫米
996.8 克

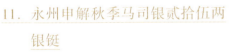

1:0.8

12. 桂阳军马司银官户拾贰两银铤

戳记：京销铤银
刻字：桂阳军马司银官（押记）
长 89 毫米、首宽 56 毫米、
腰宽 37 毫米、厚 13 毫米
470.5 克

1:1

三、银的成色、素面银铤及其他

在存世的南宋银铤中，有一些铭文内容比较单一，或表示银的成色，或表示重量，或表示金银铺名、金银匠名，或葫芦印等押记，甚至还有很多是没有任何戳记刻字的素面银铤。这也说明南宋银铤类型的多样性和铸造的广泛性。

金银鉴定是金银铺诞生以来的一项不可缺少的业务。买卖、兑换金银都必须要鉴定其真伪和优劣。另外，打造金银时，也必须对其成色进行鉴定。金银鉴定就有许多方法，其中最主要的方法是备有各种金银成色的标样，以比较观察之标准。《居家必用事类备要全集》戊集《银》就记载了宋代白银的种类与成色：金漆花银 100%、浓调花银 99.9%、茶色银 99.8%、大胡花银 99.7%、簿花银 99.6%、簿花细渗 99.5%、纸灰花银 99.4%、细渗银 99.3%、粗渗银 99.2%、断渗银 98.5%、无渗银 97.5% 等 11 种。银铤上的"真花银""花银""渗银""细渗""正渗""肥花银"等铭文所表示的就是银的成色及相应称谓。

葫芦印是宋代特有的押记，是金银铺一种显示信誉的暗记，有的在葫芦印中打上铺名或简称。仔细观察一下，就会发现在南宋金银铤中押记比比皆是，形状各异。

还有一些银铤，在本书中按已有标准难以归类，便置于最后，作为"其他"类别。

（一）成色

1. 真聂北大郎赵真花铤银重五十两银铤

戳记：真聂北大郎赵 真花铤银
重五十两
长 165 毫米、首宽 90 毫米、
腰宽 77 毫米、厚 19 毫米
1979 克

2. 聂秦家肥花银伍拾两银铤

戳记：聂秦家肥花银
长 165 毫米、首宽 90 毫米、
腰宽 77 毫米、厚 19 毫米
1975 克

1 : 0.7

1 : 0.7

3. 聂秦家肥花银伍拾两银铤

戳记：聂秦家肥花银

长 164 毫米、首宽 87 毫米、

腰宽 64 毫米、厚 19 毫米

1973 克

1 : 0.7

4. 真花银伍拾两银铤

戳记：真花银

长 142 毫米、首宽 90 毫米、

腰宽 54 毫米、厚 23 毫米

1959 克

1 : 0.7

5. 真花银十两银铤

戳记：真花银　□□金铺

长 80 毫米、首宽 51 毫米、
腰宽 29 毫米、厚 12 毫米
390.4 克

1 : 1

6. 真花铤银重拾贰两银铤

戳记：真花铤银　重拾贰两

长 87 毫米、首宽 57 毫米、
腰宽 36 毫米、厚 12 毫米
424.6 克

1 : 1

7. 真花银十两银铤

戳记：真花银　□□金铺

长 80 毫米、首宽 49 毫米、
腰宽 28 毫米、厚 12 毫米
384.6 克

1 : 1

1:1

8. 真花银拾贰两半银铤

　　戳记：真花银　□阳金□
　　长 82 毫米、首宽 50 毫米、
　　腰宽 30 毫米、厚 12 毫米
　　387 克

1:1

9. 真花银拾贰两半银铤

　　戳记：真花银　黄俊验　双葫芦印
　　长 88 毫米、首宽 57 毫米、
　　腰宽 35 毫米、厚 14 毫米
　　467 克

10. 真花银拾贰两半银铤

　　戳记：真花银
　　长 87 毫米、首宽 58 毫米、
　　腰宽 38 毫米、厚 12 毫米
　　428 克

1:1

11. 真花银拾贰两半银铤

　　戳记：真花银　钞铺黎金□
双葫芦印
　　刻字：陈彦昭
　　长 89 毫米、首宽 59 毫米、
腰宽 39 毫米、厚 11 毫米
445 克

1：1

12. 真花铤银拾贰两半银铤

　　戳记：真花铤银　陈曹宅
　　长 91 毫米、首宽 61 毫米、
腰宽 55 毫米、厚 12 毫米
452 克

1：1

13. 京销花银倪六郎拾贰两半银铤

　　戳记：京销花银　倪六郎
　　长 89 毫米、首宽 59 毫米、
腰宽 39 毫米、厚 11 毫米
445 克

1：1

14. 真花铤银贰拾伍两银铤

　　戳记：真花铤银 聂二助聚

　　长 125 毫米、首宽 73 毫米、

　　腰宽 48 毫米、厚 15 毫米

　　966.6 克

1 : 0.9

15. 真花银十两银铤

　　戳记：真花银

　　长 89 毫米、首宽 59 毫米、

　　腰宽 39 毫米、厚 11 毫米

　　445 克

1 : 1

16. 京销银贰拾伍两银铤

　　戳记：京销银 重贰拾伍两

　　陈葫芦印

　　长 112 毫米、首宽 74 毫米、

　　腰宽 50 毫米、厚 16 毫米

　　938 克

1 : 0.9

17. 真花银拾贰两半银铤

　　戳记：真花银　钞铺朱礼（押记）

　　梁平验（押记）　曾七郎

　　刻字：侯远卿等

　　长 87 毫米、首宽 60 毫米、

　　腰宽 35 毫米、厚 14 毫米

　　455 克

1:1

18. 细渗铤银三山郑五郎贰拾伍两银铤

　　戳记：细渗铤银　三山郑五郎（押记）

　　重贰拾伍两

　　刻字：□□□□

　　长 107 毫米、首宽 62 毫米、

　　腰宽 51 毫米、厚 14 毫米

　　814 克

1:0.8

19. 真花铤银沈四郎贰拾伍两银铤

　　戳记：真花铤银　沈四郎

　　长 114 毫米、首宽 74 毫米、

　　腰宽 50 毫米、厚 18 毫米

　　991.85 克

1:0.8

1:1

20. 真花银拾贰两银铤

　　戳记：真花银　苏宅韩五郎

　　长 86 毫米、首宽 60 毫米、

　　宽 42 毫米、厚 13 毫米

　　453.03 克

1:1

21. 京销渗银六两银铤

　　戳记：京销渗银　建康府圈头

　　旧桥郭宅

　　长 70 毫米、首宽 48 毫米、

　　腰宽 31 毫米、厚 10 毫米

　　220 克

1:1

22. 真花铤银拾贰两银铤

　　戳记：真花铤银　重拾贰两

　　长 88 毫米、首宽 56 毫米、

　　腰宽 37.5 毫米、厚 14.5 毫米

　　425 克

23. 真花银拾两银铤

戳记：真花银　□□刘大郎
葫芦印
长 80 毫米、首宽 51 毫米、
腰宽 29 毫米、厚 12 毫米
390 克

1:1

24. 真花银拾两银铤

戳记：真花银　□□郎记
长 80 毫米、首宽 51 毫米、
腰宽 29 毫米、厚 12 毫米、
390 克

1:1

（二）素面银铤

1. 贰拾伍两银铤

长 116 毫米、首宽 82 毫米、
腰宽 44 毫米、厚 21 毫米
972 克

1:0.8

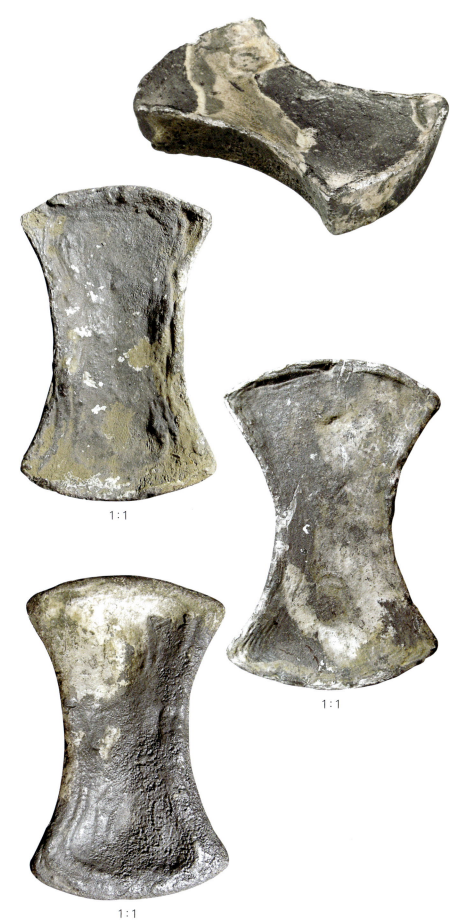

2. 拾贰两半银铤
　　长 86 毫米、首宽 57 毫米、
　　腰宽 35 毫米、厚 19 毫米
　　475 克

3. 拾贰两半银铤
　　长 84 毫米、首宽 56 毫米、
　　腰宽 36 毫米、厚 18 毫米
　　460 克

1:1

4. 拾贰两半银铤
　　长 88 毫米、首宽 60 毫米、
　　腰宽 31 毫米、厚 16 毫米
　　428 克

1:1

5. 拾贰两半银铤
　　长 86 毫米、首宽 57 毫米、
　　腰宽 35 毫米、厚 19 毫米
　　475 克

1:1

6. 拾两银铤

长 86 毫米、首宽 56 毫米、
腰宽 35 毫米、厚 16 毫米
391 克

7. 拾两银铤

长 86 毫米、首宽 56 毫米、
腰宽 35 毫米、厚 16 毫米
391 克

8. 拾两银铤

长 84 毫米、首宽 60 毫米、
腰宽 37 毫米、厚 20 毫米
403 克

9. 拾两银铤

长 84 毫米、首宽 57 毫米、
腰宽 34 毫米、厚 16 毫米
383 克

1:1

1:1

1:1

1:1

10. 拾两银铤

长 89 毫米、首宽 61 毫米、
腰宽 34 毫米、厚 17 毫米
466 克

1:1

11. 拾两银铤

长 82 毫米、首宽 56 毫米、
腰宽 31 毫米、厚 17 毫米
371 克

1:1

12. 拾两银铤

长 88 毫米、首宽 61 毫米、
腰宽 31 毫米、厚 19 毫米
480 克

1:1

13. 拾两银铤

长 88 毫米、首宽 60 毫米、
腰宽 35 毫米、厚 16 毫米
489 克

1:1

14. 陆两银铤

长 67 毫米、首宽 48 毫米、
腰宽 30 毫米、厚 18 毫米
203 克

15. 陆两银铤

长 73 毫米、首宽 50 毫米、
腰宽 32 毫米、厚 10 毫米
200 克

16. 伍两银铤

长 68 毫米、首宽 44 毫米、
腰宽 24 毫米、厚 10 毫米
158 克

（三）其他

1. 真聂二助聚伍拾两银铤

戳记：真聂二助聚　□□
长 142 毫米、首宽 90 毫米、
腰宽 54 毫米、厚 23 毫米
1959 克

1:1

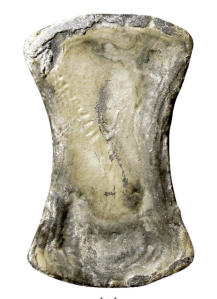

1:1

1:1

1:0.7

2. 制府贰拾伍两银铤

  戳记：制府银匠都作头康志
  双葫芦印
  长 112 毫米、首宽 72 毫米、
  腰宽 40 毫米、厚 20 毫米
  980 克

1:1

3. 都作头贰拾伍两银铤

  戳记：都作头康思 贰拾伍两
  葫芦印
  长 115 毫米、首宽 78 毫米、
  腰宽 44 毫米、厚 18 毫米
  955 克

1:1

4. 双葫芦印贰拾伍两银铤

戳记：制府银匠都作头康志
双葫芦印
长 112 毫米、首宽 72 毫米、
腰宽 39 毫米、厚 18 毫米
975.7 克

1：1

5. 双葫芦印贰拾伍两银铤

戳记：制府银匠都作头康志
双葫芦印
长 111 毫米、首宽 71 毫米、
腰宽 39 毫米、厚 20 毫米
973.89 克

1：1

1 : 0.8

6. 正乙郎记赵王家贰拾伍两银铤

戳记：正乙郎记　□赵王家

长 107 毫米、首宽 73 毫米、

腰宽 47 毫米、厚 18 毫米

955 克

1 : 0.8

7. 正乙郎记贰拾伍两银铤

戳记：正乙郎记　□赵王家

长 107 毫米、首宽 74 毫米、

腰宽 46 毫米、厚 19 毫米

964 克

8. 正乙郎记拾两银铤

戳记：正乙郎记　通泉王家

长 88 毫米、首宽 60 毫米、

腰宽 32 毫米、厚 14 毫米

395 克

1 : 1

9. 正乙郎记拾两银铤

戳记：正乙郎记 通泉王家
长 87 毫米、首宽 59 毫米、
腰宽 33 毫米、厚 13.5 毫米
389 克

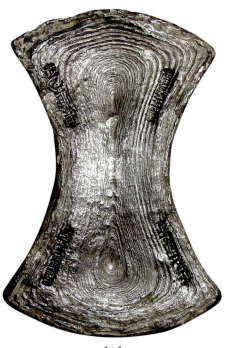

1:1

10. 正乙郎记拾两银铤

戳记：正乙郎记 通泉王家
长 90 毫米、首宽 60 毫米、
腰宽 32 毫米、厚 14 毫米
395 克

1:1

11. 李六郎记拾贰两半银铤

戳记：李六郎记
长 89 毫米、首宽 56 毫米、
腰宽 32 毫米、厚 18 毫米
461.7 克

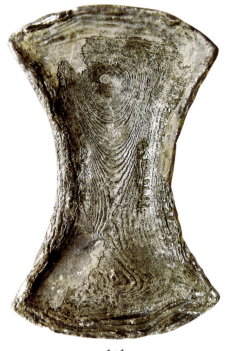

1:1

1:1

12. 尚坚三郎记拾贰两半银铤

戳记：尚坚三郎记

长 89 毫米、首宽 56 毫米、

腰宽 32 毫米、厚 18 毫米

461.7 克

13. 朱一郎拾两银铤

戳记：朱一郎

长 82 毫米、首宽 49 毫米、

腰宽 31 毫米、厚 12 毫米

385.2 克

1:1

14. 沙义朱朋拾两银铤

戳记：沙羡朱铺

长 78 毫米、首宽 48 毫米、

腰宽 30 毫米、厚 12 毫米

395.6 克

1:1

15. 黄乙郎记拾两银铤
　　戳记：黄乙郎记
　　长 91 毫米、首宽 61 毫米、
　　腰宽 31 毫米、厚 12 毫米
　　395 克

1:1

16. 朱一郎张□梁平验拾贰两半银铤
　　戳记：朱一郎　张（押记）　梁平验
　　吴震验
　　长 115 毫米、首宽 71 毫米、
　　腰宽 37 毫米、厚 18 毫米
　　398 克

1：0.8

17. 王天锡郎记拾贰两半银铤
　　戳记：王天锡郎记
　　长 85 毫米、首宽 57 毫米、
　　腰宽 30 毫米、厚 15 毫米
　　450 克

1:1

18. 信阳金记拾两银铤

　　戳记：信阳金记
　　长 81 毫米、首宽 51 毫米、
　　腰宽 30 毫米、厚 15 毫米
　　382 克

1 : 1

19. 拾贰两半银铤

　　戳记：拾贰两半
　　长 88 毫米、首宽 58 毫米、
　　腰宽 40 毫米、厚 12 毫米
　　450 克

1 : 1

20. 拾贰两半银铤

　　戳记：拾贰两半
　　长 88.5 毫米、首宽 61 毫米、
　　腰宽 40 毫米、厚 12 毫米
　　453 克

1 : 1

1:1

21. 葫芦印拾两银铤

    戳记：真花银　葫芦印

    长 78 毫米、首宽 50 毫米、

    腰宽 29 毫米、厚 12 毫米

    378 克

1:1

22. □五郎拾两银铤

    戳记：□五郎　押记

    长 79 毫米、首宽 50 毫米、

    腰宽 29 毫米、厚 12 毫米

    389 克

23. 黄五一郎陆两银铤

    戳记：黄五一郎记

    刻字：藏号二

    长 69 毫米、首宽 42 毫米、

    腰宽 28 毫米、厚 13 毫米

    259.11 克

1:1

24. 王宅记拾两银铤

戳记：王宅记

长 73 毫米、首宽 53 毫米、

腰宽 33 毫米、厚 16 毫米

384 克

1:1

25. 盛沈铺拾贰两银铤

戳记：盛沈铺 王卿记

长 89 毫米、首宽 61 毫米、

腰宽 42 毫米、厚 13 毫米

452.3 克

1:1

26. 王宅陆两银铤

戳记：王宅 双葫芦印

长 68 毫米、首宽 42 毫米、

腰宽 29 毫米、厚 11 毫米

229.6 克

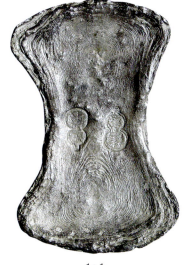

1:1

27. 打发□陆两贰拾伍钱银铤

戳记：打发□ 京销银 提调官□
监管官□
长 70 毫米、首宽 47 毫米、
腰宽 32 毫米、厚 9 毫米
221 克

1：1

28. 葫芦印陆两银铤

戳记：葫芦印 辛王宅
长 67 毫米、首宽 45 毫米、
腰宽 27 毫米、厚 12 毫米
219 克

1：1

29. 无字陆两银铤

长 73 毫米、首宽 50 毫米、
腰宽 32 毫米、厚 12 毫米
220 克

1：1

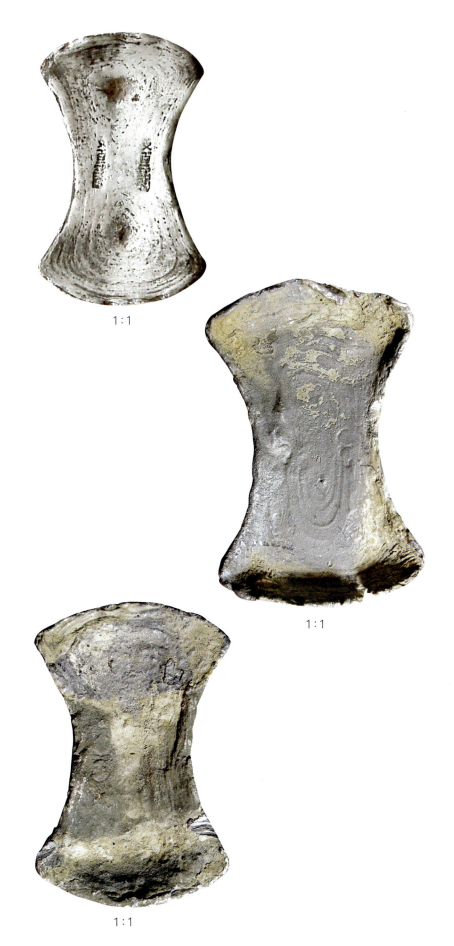

30. 文百郎记陆两银铤

　　戳记：文百郎记
　　长 73 毫米、首宽 48 毫米、
　　腰宽 30 毫米、厚 12 毫米
　　200 克

1:1

31. 葫芦印拾两银铤

　　戳记：葫芦印
　　长 88 毫米、首宽 61 毫米、
　　腰宽 34 毫米、厚 22 毫米
　　431 克

1:1

32. 葫芦印拾两银铤

　　戳记：葫芦印
　　长 81 毫米、首宽 55 毫米、
　　腰宽 32 毫米、厚 18 毫米
　　393 克

1:1

33. 段小乙郎拾两银铤

戳记：段小乙郎
长 86 毫米、首宽 56 毫米、
腰宽 35 毫米、厚 16 毫米
489 克

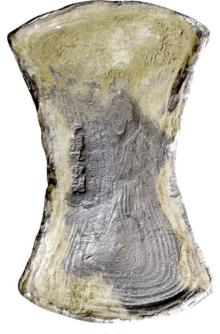

1 : 1

34. 段小乙郎拾两银铤

戳记：段小乙郎
长 86 毫米、首宽 56 毫米、
腰宽 34 毫米、厚 16 毫米
391 克

1 : 1

35. 拾两银铤

戳记：信阳金记
长 83 毫米、首宽 54 毫米、
腰宽 31 毫米、厚 17 毫米
393 克

1 : 1

36. 拾两银铤

长 91 毫米、首宽 58 毫米、
腰宽 29 毫米、厚 15 毫米
449 克

1:1

37. 陆两银铤

戳记：□□□□
长 65 毫米、首宽 45 毫米、
腰宽 25 毫米、厚 18 毫米
275 克

1:1

38. 壹拾贰两银铤

戳记：壹拾贰两
长 88 毫米、首宽 64 毫米、
腰宽 39 毫米、厚 12 毫米
410 克

1:1

39. 拾贰两半银铤

戳记：□□□□

长 89 毫米、首宽 62 毫米、
腰宽 33 毫米、厚 19 毫米
479 克

1：1

40. 拾两半银铤

戳记：□□□记

长 89 毫米、首宽 62 毫米、
腰宽 33 毫米、厚 19 毫米
392 克

1：1

41. 拾贰两半银铤

戳记：重拾□□

长 88 毫米、首宽 60 毫米、
腰宽 31 毫米、厚 14 毫米
467 克

1：1

1:1

42. 王记拾两银铤

戳记：王记　葫芦印

长 71 毫米、首宽 50 毫米、

宽 30 毫米、厚 14 毫米

302.30 克

1:1

43. 拾贰两半银铤

戳记：拾贰两半

长 86 毫米、首宽 59 毫米、

宽 38 毫米、厚 16 毫米

462 克

44. 夏革验拾贰两半银铤

戳记：夏革验（押记）

刻字：谭信

长 89 毫米、首宽 59 毫米、

宽 32 毫米、厚 16 毫米

479 克

1:1

287

45. 李六郎拾贰两半银铤

戳记：李六郎（押记）
长 90 毫米、首宽 58 毫米、
宽 32.5 毫米、厚 17.5 毫米
495 克

1:1

46. 拾贰两半银铤

戳记：拾贰两半
长 86 毫米、首宽 59 毫米、
宽 38 毫米、厚 16 毫米
462 克

1:1